书法的生活美学

纸上太极

侯吉谅——著

中信出版集团 · CHINACITICPRESS · 北京

书法是纸上的太极，无动不舞，无往不复，

一笔一画都是力量的初生、推衍与回收。

书法的天机如太极，只是一阴一阳的起承转合，

却包含了四季的轮回、晨昏雨晴的变化，没有起始，也没有终结。

自序

云深不知处

——书法的境界

大多数现代人虽然已经不练习书法，很多人可能一辈子也没真正练过书法，但几乎每个人对书法都会有一点自己的看法。

这是非常有趣的现象，原因或许是汉字是华人每天使用的字体，大家对字体的好坏高低都有一点基本的认识，所以都可以提出一点自己的看法。

然而事情的确如此吗？

我常常说，书法虽然是在白纸上写黑字，但其中的技术、境界，却不见得可以一目了然，甚至欣赏书法也要下一点功夫去学习。

不是练习过书法就一定能了解书法，如果没有开阔的胸襟，一样会视而不见。很多人学了书法，却与书法之美愈离愈远，因为学了书法之后，反而对书法有了偏见与执着。

古人说“善书者不鉴”，意思是：会写字的人，不会鉴定书法。起初无法理解，后来才慢慢领悟，原来写字的人很容易对他熟悉之外的风格存有偏见。

更多人学写字只是学到了种种偏见与偏执，如同宗教团体的信仰，总是以夸大的姿态说自己才是活佛转世、未来的救世主。

学颜真卿的人会觉得赵孟頫的风格太柔媚，仿佛天地之间只能容纳颜真卿那种雄浑磅礴的书风。而擅长晋人风流笔法的人，却觉得颜真卿的字太过拙劣，不堪入目。

赵孟頫的书法是元朝至今最好的字，但明末清初的“天下第一写家”傅山对赵孟頫却深恶痛绝；北宋的书法家们极度崇拜颜真卿，而米芾却痛斥颜真卿的楷书为“后世丑怪恶札之祖”，书法之难懂，由此可见一斑。

唐朝大书法家孙过庭在《书谱》中说人们对书法的认识是“闻疑称疑，得末行末，古今阻绝，无所质问；设有所会，缄秘已深；遂令学者茫然，莫知领要，徒见成功之美，不悟所致之由。或乃就分布于累年，向规矩而犹远，图真不悟，习草将迷。”可见，古人对书法之美的理解，一样未必能够掌握。

无论如何，学会欣赏，总是了解书法的第一步。

三十余年来，我每天临习书法，无时无刻都在思考书法的诸多精微幽妙的道理，还是常常觉得书法之美有如“云深不知处”，其深奥幽远，真可以说让人探索不尽，妙趣无穷。

这些年来，我写的几本关于书法学习的书，在两岸三地都获得很大的反响，可见书法的学习，并不因为计算机、网络、手机的流行而被时代淘汰，反而更因为写字机会的减少，大家更向往动手书写的快乐。

因而我也希望能够传达这种书法的美感与快乐，一同与读者们分享，无论有没有学习书法，都可以感受书法之美。《纸上太极》是我第一本以书法为主题的散文集，希望以较为感性的文学性笔法，让大家更易于理解书法的种种境界，进而提笔写字，体会流淌在笔墨之中的灵动气韵、奥妙境界。

目录

第一篇

目录

第二篇

书法与修行

目录

第一篇

纸上太极

磨墨，把所有焦躁、不安、杂思、异念，都缓缓磨进乌黑发亮的墨液之中，磨练出焕发而内敛的精气神。（陈勇佑摄影）

纸上太极

一

磨墨写字

写字，从磨墨之前的倒水开始，就要有清净之心，也要有雅洁之意。

磨墨倒水，要用水滴细注，水在砚台如露珠在荷叶上凝聚成珠，如心神的专注。

磨墨容易，也不容易。只要墨条好，总是可以磨得黑，然而要磨得细致，要有轻风拂花的心情，要有力透砚面的巧劲，旋力而转，如热釜融蜡，把所有焦躁、不安、杂思、异念，都缓缓磨进乌黑发亮的墨液之中，磨练出焕发而内敛的精气神。

磨墨如打坐，然而打坐却容易杂思不断，磨墨则专注于水、墨，一两分钟就可以进入写字的状态。

现代发明的墨汁太方便，因为方便，所以容易随便，随便就容易散漫，不能起敬重之心，练字也就等而下之了。

二

泡笔净心

当干燥的笔毛在水中散开、润化，紧绷的心境也随之清凉柔顺。

写字要靠毛笔，而使用毛笔要靠敏锐温润的心境。干燥的笔毛浸润之后，像茶叶一样在水中舒展，恢复了生命，散发光彩。

书法以晋人行草最为“风流”。风流者，如风般的流动也。每一根细逾发丝的毫毛都必须随着书写者的手势，而在笔画中流动，流畅、优雅、轻风一般的温柔。

把干燥的毛笔泡入清净的水中，是一种清净身心的仪式，当如观音手中的柳枝，把瓶中的净水洒向众生，令贪嗔痴愚的众生有醍醐灌顶的清醒之感。多看一眼毛笔如何在水中复活，写字便多了一分温柔。

❖ 当干燥的笔毛在水中散开、润化，紧绷的心境也随之清凉柔顺。（许映钧摄影）

三

笔下含情

书法就是写字，但也不只是写字。

古人写字最媚的大概是赵孟頫。媚者，妍也，妩媚有致，不是那种媚俗的媚。古人形容王羲之的字也是用“媚”字，是后来的人对媚的定义发生改变，才有贬低的意味。明末清初，有人认为王羲之的字“没有丈夫气”，那是因为不懂媚字的字义演变。古人的书法观点有许多都是错误的。读书要像深呼吸，常常吐故纳新。

赵孟頫的字有一种天生的贵气，一切喜怒哀乐、窘穷、愤懑，都可以被他写得雍容华贵。人生岂能没有苦难？笔墨中怎么可能没有沧桑？而赵孟頫依然从容以对，那是天生的华贵之气战胜了内心的苦恼。

明末清初的傅山瞧不起赵孟頫，但又忍不住学赵孟頫，学了以后又说不过尔尔。董其昌一辈子都在吹嘘自己比赵孟頫高明。傅山狂郁、董其昌淡雅，却始终在赵孟頫的优雅中俯首。

赵孟頫的高贵优雅来自高明的技巧，更来自写字的心境如不染的白纱，无风自动，丰姿婉约。

但赵孟頫的优雅不免也成为一种束缚，真正可以做到笔随心生的，还是王羲

笔随心生本来是一种极其自然的心理、物理反应。（黄亭珊摄影）

之。孙过庭的《书谱》说王羲之："写《乐毅》则情多怫郁；书《画赞》则意涉瑰奇；《黄庭经》则怡怿虚无；《太史箴》又纵横争折；暨乎《兰亭》兴集，思逸神超；私门诫誓，情拘志惨。"简单地说，就是随着心境的不同、写字的内容不同，而有不同的书写表现。

笔随心生本来是一种极其自然的心理、物理反应，也是书法成为艺术最珍贵的因素，历史上的任何一位书法大师，莫不具备这样的能力。即便是忧国、愤懑如傅山，他那粗服乱头式的笔法与章法，不也处处反映了他身处变异时代那种进退失据的慌乱与坚持吗？

再说同样以狂草名世，却背负"贰臣"恶名的王铎，看似豪迈潇洒的笔法，其实也是在改朝换代大时代中，道德、人格、气节、富贵、取舍都进退失据的狂躁不安。

毛笔写的，往往就是心情与心境。弘一大师的书法用笔走向极简，没有了笔法的起承转合，一笔一画都相中无相，但说是无相，却也尽是弘一的本相。

四

纸上太极

为什么王羲之很厉害？因为他写字从来不随便。

古今书法家难免有败笔，王羲之笔笔精到。

现代人学书法无非是想要学一手好字，却不知，没有端正的心，很难写出好字。

柳公权说“心正则笔正”，我其实不喜欢那样的道貌岸然，写字需要的只是敬重其事的正心诚意以及态度端正。

心正不一定笔正，但姿势不佳写字必然落入偏格。姿势不对，视线就不对，横直都会变形，写字最好的姿势如佛像安坐垂目，双手自在如环抱太极。

书法是纸上的太极，无动不舞，无往不复，一笔一画都是力量的初生、推衍与回收。

千百年后凝视王羲之的《兰亭序》，仍然可以感受王羲之笔尖每一个纤细的动作，“永和九年岁在癸丑”，那“永”字的一点如凌空而来风声，碰到纸上的纤维，顺势微微回转，太极云手般向右下沉去，力道隐含未尽，单鞭蓄势，继续向左缓缓推出……光是那么一点，可以领略的内涵用十年时间去理解都不嫌多。

光是这么一点，古人花的时间岂是十年。从王羲之的老师卫夫人的《笔阵图》

❖ 书法是纸上的太极，无动不舞，无往不复，一笔一画都是力量的初生、推衍与回收。（陈勇佑摄影）

开始，到欧阳询的“八法”，这点竟然如高山坠石，在数百年的时间缓缓落下，而又落之不尽，再用数百年时间，到了明清之际，依然轰然响动，若暮鼓若晨钟，在宣纸上静如默雷。

但世俗之人总是只看到点画与笔势的漂亮与潇洒，便以为参透了毛笔的天机。

书法的天机如太极，只是一阴一阳的起承转合，却包含了四季的轮回、晨昏雨晴的变化，没有起始，也没有终结。

如同王羲之在《兰亭序》的感慨那样，今之揽者，亦由昔视今，而后之揽者，也同样会有感于斯文，正如书法的力道起始映带，总是朝向下一笔、下一字运动。

或有观者会问，如果没字了呢？笔势朝向何处？

朝向时间的无尽之处。

朝向不知何时何地观者的眼神。

书法如道

一

定静生慧

古人以书法为识字之始，要求学童启蒙的时候要每天“写大字”，培养耐心、陶冶性情。

现代人则注重儿童的才艺培养、潜能发挥，表面上看起来是殊途同归，其实在根本做法上就已经背道而驰。

一般来说，小朋友除了天性的内向外向之分，一般都活泼好动、天真无邪，因而如何让小朋友安静下来是很重要的事。

“定静生慧”是很容易被忽略的老话，但却是颠扑不破的真理。佛家说坐禅、道家讲打坐，都是安定身心的法门，由禅悟空，从坐入虚，而后智慧生焉。

这里所说的智慧，不是什么人生的大道理，而是觉知生命的本质，所以佛家只讲智慧，但却未说明智慧是什么，道家讲悟道，但道可道，非常道。

智慧是只能意会、很难言传的，更不可能教授，只能引领学者亲自体会。但坐禅与打坐都是极深奥的事，因为人不容易专心，不专心就是有杂念，所以才需要念经、持咒、观鼻、观心这些步骤来进入禅、忘我境界。

忘我之思、忘我之身、忘我之念、忘我之想，只是一个纯然非我的存在，而

『定静生慧』是很容易被忽视的老话，但却是颠簸不破的真理。（陈勇佑摄影）

后人的理性与感性像磁盘重整般，清出多余的垃圾、排列零乱的碎片，这才能够空出心灵的位置，容纳智能的发生。

这其实正是学习书法可以修心养性的原理。真正专心练过书法的人，都一定会有忘我的体会，一切的色声香味都虚之无之，眼、耳、鼻、舌皆不见不闻，眼前只有毛笔的运动，以及在柔软的纸张上留下乌黑饱满的墨迹，空白无字的纸张像天地玄黄像宇宙洪荒，而毛笔接触纸面的瞬间，就是无中生有，天地从此有了寒来暑往，但专心写字的人对这一切的生发变化都只是顺势而为、应运而生，因为写字的当下往往没有“我”的意识。

写字的当下没有“我”的意识，但一个人的生命、修养、喜怒、哀乐，都通过笔墨转化为字迹，在纸上静止地流动。

二

潜移默化

练书法可以怡情养性，是一种修养，也是一种修行，可以潜移默化一个人的性情。

学书法，最重要的，是要始终保持对书法和对“写书法”这件事的敬意，不能因为稍有所得就自大自满、轻佻轻浮，一旦心态不正，则万事皆休。

学书法唯一的途径就是临摹经典字帖，经典字帖的临摹往往必须终身奉行，反复练习。为什么要反复练习？因为技术需要锤炼和时间的沉淀。

技术的锤炼要靠大量的集中精力的练习，像大火烧开水，要在最短的时间内加温至沸点，时间的沉淀如酿酒，要用漫长的时间让酒液醇化，让书写的功力“内化”为修养与习惯。

书法史上任何一件经典作品，都是历经千百年时间淘汰的结果，时间淘汰了什么？时间淘汰了一时的潮流、一地的流行，甚至淘汰了道德教化，淘汰了时代的好恶，留下的是符合千百年美学规范的经典意义。这样的经典意义虽然一望即知，精微奥妙之处却不易体会。

颜真卿像金庸武侠小说中的大侠郭靖，写字老老实实，一招一式练久了，自

成气候。历史上有太多书法天才，颜真卿完全不能算天才。他比较像军人，写字严谨有规矩，一笔一画都老老实实像在练习立正稍息。天才往往得到很多赞美，不是天才的书法家却创造出了典范，颜真卿就是如此。

颜真卿的书法看起来容易，学起来困难，难的是自始至终都要有敬意、诚意。立正稍息看起来很简单，要定静不动却气息充满，内在的精神要从笔中冲向纸面，如忠义贯日月。

颜真卿用他一辈子的忠义在写书法，像郭靖的降龙十八掌，用一辈子的忧国忧民在练功，没有那一辈子的用功，何来潜移默化？

三

传道授业

昔日社会武术流行，江湖门派、武馆招生，入门的第一件大事就是磕头拜师，要终身奉行的第一戒律，就是要尊师，其中大有深意。学书法亦应如此，不能尊师，师生之间彼此提防，各有心机，师者岂能传道、授业、解惑？而学者岂能接道、纳业、释疑？不能也，故教之无心，学之不能。

传统技艺特别讲究尊师重道的原因，就是任何一门技艺要到达巅峰，就必然要“技进于道”。

道，道路也、方向也。道就是你的头脑（首）要前进、行走的方向。师者所传，就在这个方向而已。耶稣的话是真理，佛陀的话是至理，他们说的，也就是心的方向而已。

人之初学如宇宙洪荒，天地四方要身向何处，端视老师的指示。

书法之道博大精深，整个中华文化的所有一切，待人接物的道理、尊师重道的诚敬、诗词绘画的美，茶、酒、饮食的享受，服饰、音乐、舞蹈、园林建筑的精致，医学、武术的玄奥……都通过书法来记载、传承，现代人学书法只学技术，如练太极只打架式，样子唬人却不堪一击，老师若不说破，学生放出去江湖历练，一拳就被打死了。

老师说破了，学生程度未到，还是听不懂。所有的年轻人都讨厌父母啰唆人生大道理，父母如果不是吃过苦头，就啰唆不了什么大道理，年轻人总是亲身经历了，才可能想起父母曾经的告诫。所以学生听话很重要，懂，要记得；不懂，也要记得。重要的是，不能把老师的话当作耳边风，学生听过就算，老师以后不会再说。

师者，传道授业解惑也。传道，传递心法方向；授业，教授知识课业；解惑，解决迷惘疑惑。传道、授业是教导正确的观念和方法；解惑，是解决错误的迷惑。有效的教学，必然包括正确学习和错误排除。如同医生问诊开药处方，如果学生不能敞开心胸，老师再高明，即使能够教授正确的方法，也无法纠正错误心态下发生的种种“暗疾”，学习的效果必然大打折扣。师者有意，而学者无心，不如不学不教。

书法是一座博大精深的宝藏，如果只学写字的技术，就如同在大山大海之中迷途于小花小草。老师随手一指，可能就是云深不知处的境界，即使看不到，也要心存敬畏与向往。

没有这样的敬畏与向往，走进书法的大山，便只有迷途而已。

市
不上船自稱臣是酒中仙
張旭三盃草聖傳脫帽
露頂王公前揮毫落
紙如雲煙焦遂五
斗方卓然高談雄辯
驚四筵

墨说从头

1980 年 1 月，我读大二那年的寒假，经过了几个月的观察打听，我终于下定决心要去学书法。

虽然从小学开始就写书法，也因为写得不错，常常代表学校参加比赛，但看到大学书法社同学写字的情形，我就知道，要真正把书法学好，还是得拜师。

于是在中文系同学的带领下，我到王建安老师那里开始学书法。现在回想起来，王建安老师教书法的方式，以及在王老师那里学写字的气氛，都是非常难得的，虽然当时我其实并不明白。

王老师的书法班是一个开放式的教室，虽然有班别，但任何时候你去他都教，而且不另外收费。我记得那时的学费是一个月两百（台币），大概占了我当时生活费的十分之一。

一

初学书法 初磨墨

以一个中兴大学食品科学系的学生来说，当时为什么要去学书法，连我自己也不太明白。不要说在食品科学系，即使在整个中兴大学学生当中，好像也没几个去学书法。

但无论如何，我去了，而且从此开始每天至少六小时的练习。当时只是觉得要赶快把书法写好。学生的好处就是时间多，所以一有空我就练习书法，在实验室做实验时候，有许多项目要长时间的等待，别的同学看武侠小说打发时间，我则练书法。

王老师教书法的地方就是住家的阁楼，楼下是他儿子开的文具店，不大的阁楼，大约每次可以有十至十五个学生，我都是早上七点就到，别的同学最早也要到十点才陆续有人来，所以很能安静写字。

书法教室没什么设备，就是一长条靠窗的桌子，有砚台、墨和毛笔。当时老师提供了墨、砚台、毛笔，我们只要带纸去，纸是那种印有九宫格的小册子，一本两块钱（台币）。

因为毛笔、墨都是大家共用，当然好不到哪里去，有些毛笔甚至已经没有锋

❖ 写书法，一定要会磨墨。（陈勇佑摄影）

了，我们就是用那样的笔墨练字。

墨条不记得是什么牌子了，只记得大概就是一两大小，因为写字的地方不大，砚台是那种七八厘米宽的小砚，墨条当然不可能太大。

那时台湾做墨的厂商还有一些，一般文具店也都卖砚台和墨条。因为当时学校规定要用书法写周记，而当时的墨汁质量相当不好，容易沉淀，气味更难闻，所以在王老师那里写书法，一律都是磨墨。

当时的墨无论如何是不可能讲究的，但很容易磨得黑，不像现在的一些墨，吹虚说是什么遵古法制造，用的材料多名贵，价格更是不便宜，然而就是磨不黑。

前几年，一个学生在乡下的文具店找到一批“中华墨”，似乎就是当年我们学书法用的那种墨，外表粗糙，但一磨就黑，非常好用。

现在重新去看那些墨，显然都是用工业碳粉做的，不是什么好墨，当时要买好墨，一般文具店是没有的，得到卖传统书画用品的笔墨庄去。那时比较好的墨条都是辗转从香港运来的大陆墨，比较有名的就是“铁斋翁”，后来才知道，那些都是上海墨厂生产的墨，也有少数安徽生产的墨。

二

台北故宫的墨

毕业后我到台北工作，认识了许多书画界的朋友，他们都是专科出身，又有师承，对书画的工具材料比我这个只是专心写字的人讲究太多，也因而慢慢开始了解笔墨纸砚的知识，逐渐升级自己的文房配备。

那时台湾的文房四宝基本上都还是大陆产品，笔墨纸砚中只有做毛笔的人还多一些，做墨的却是很少很少。

比较特别的是，当时书画界的朋友很喜欢到台北“故宫”去买东西，因为当时“故宫”设有科技室研究笔墨纸砚，并且委托厂商生产，墨尤其精美，墨模的雕刻非常细致多样，而且墨也很好用，所以每次到“故宫”总是会去买一些墨回来。

到现在我还保留了一些当时在“故宫”买的墨，因为数量不多，平常不轻易使用，也一直后悔当时没有多买。

而当时没有多买的原因，是因为“故宫”的墨比市面上的墨贵许多，但如果以质量来论，其实当时“故宫”的墨还是很便宜的。

三

江老师的墨

1991 年，我拜入江老师的灵沤馆，成为江门小学生。不但书画的眼界大开，对文房用具的讲究也有跳跃性的成长。

作为书画大师，同时又是台北“故宫博物院”副院长，江老师的画室就像一座探索不尽的宝库，任何一样东西都精致无比，不要说用，光是看看那些毛笔、砚台、盒子、水盂、笔洗、印泥盒、印章、墨条、纸镇……都是无比的享受。

在这样的熏陶下，没有起而效之的心情是很难的，于是我更加频繁出入台北的笔墨庄、古玩市场，到处寻找心目中理想的文房用具。

墨是每天要用的东西，对一个书画家来说，没有好墨就等于士兵没有了武器，因此“寻找好墨”一直都是最大的课题。

除了墨条之外，当时台湾已经进口日本的开明墨汁，质量相当稳定、好用，就我所知，有许多书法家都用开明的墨汁，台静农先生、江兆申老师也用开明的墨汁，不过用墨汁要比较小心，裱褙的时候如果技术不好很容易洇渗而毁了作品。

在寻找好墨的过程中，慢慢对墨的认识也深刻广泛起来，当然也买了不少好墨，不过，我最“觊觎”的，还是江老师做的“灵沤馆墨”。

❖ 江兆申先生制作的墨。

江兆申老师的文房很多都是定做的，纸张、毛笔是在日本定做的，墨则是台北“故宫”的同仁找外面的厂商，按江老师的配方做的。灵沤馆墨有好几种款式，“灵沤馆”是一般长方形墨条、“玄冰”则是仿“故宫”玉琮的形式，造型极为典雅，还有精致小巧的“双菩提树龛写墨”，都配有蓝布墨盒，非常典雅。

江老师做的墨应该是当时台湾质量最高级的墨，墨色深沉、浓淡层次分明，磨墨时香气扑鼻，磨感绵密，使用上不仅得心应手，而且非常享受。

我后来比较江老师做的墨和先前买的台北“故宫”墨，发觉两者的质量非常相近，所以应该是江兆申老师做墨的时候，把配方给了厂商做成“故宫”墨，也难怪当时的“故宫”墨质量那么好。有了这样的推测之后，就更后悔当年没有多买“故宫”的墨。

四

王国财研究墨

2001年，我在多方探询之后，终于找到造纸专家王国财，从此和国财兄有了极为频繁的互动。

大家都知道王国财研究造纸，也以为王国财只会做纸，其实王国财的研究范围很广，从纸张、颜料、墨到书画的保存等等各方面，都有相当系统的研究。

王国财研究墨的方向不是做墨，而是站在书画保存的立场，研究分析市售墨汁的酸碱度。

书画创作者通常只在意东西好不好用，自己的创作结果如何，但很少考虑到书画的保存问题。研究人员毕竟有他们的逻辑，他们关心的面向，也一直是台湾书画教育中最缺乏的观念。

对很多书画家来说，墨汁、墨条没什么差别，松烟、油烟也无所谓，重要的是他用起来方不方便，因此我常常看到许多书画家在砚台上倒墨汁，再拿墨条磨以增加浓度，这种用墨的方法，其实很有问题，因为墨与墨汁的成分可能会有不好的化学反应，在裱褙和保存的时候，可能会出现问题。

传统书画的保存，首先是看纸张本身的质量，而后是使用材料的适当与否，

❖ 墨的好坏，是书画作品成败的关键。（许映钧摄影）

如果纸张是酸性的，用的材料也是偏酸，纸张就很容易碎裂，工笔画使用的纸张，以前都是用松香皂或明矾做熟，好处是不减墨色，缺点是纸张容易脆化，如果用的墨、颜料也是酸性的，对书画作品的保存是一大伤害。

根据王国财的研究结果，当时台湾市售的墨汁大都偏酸，有几种日本墨汁酸度更高达九，我知道以后大吃一惊，从此不敢再用墨汁写作品。

当时为了帮学生找墨，花了不少钱请大陆的朋友搜集了不少墨条，一一测试。买到墨条各有两份，其中一份我拿去给国财兄，请他们帮忙测试，但国财兄当时忙着造纸，分析墨条是一项大工程，那些墨条始终都没动过。

其实当时我还有一个期待，希望王国财可以研究出让墨色更深沉黝黑的方法，因为每次去台北“故宫”看展览，总是对古人书法墨色的浓郁深沉感到惊讶。反观现代人做的墨，用起来总是觉得不够深沉，所以当时也和国财兄讨论了许多这方面的看法。国财兄那时也开始写书法，对墨色的研究倒是兴趣盎然，还几次展示了他的研究结果给我看。经过王国财的调整，许多市售的墨汁变得深沉无比。

可惜的是，没过几年，国财兄就退休了，对于纸墨的研究也就中断了。

五

诗砚斋墨

2003 年以后，我陆陆续续买了不少大陆新生产的墨，也认识了不少生产墨的厂家。

中国大陆改革开放以后，整体社会慢慢呈现出相当强的复兴能力，尤其在2000 年以后，随着经济的成长，几乎到处猛爆性成长。在此之前的墨条，虽然也维持一定的生产机能，但因为是国有化管理，所以在质量、品相上都相当粗糙，后来私有化企业增多，大家才真正下功夫去改进产品。

大陆传统文化产业的底子毕竟传承深厚，所以一有了适当的社会条件，几乎在一夜之间就可以脱胎换骨。2005 年左右我注意到许多优秀的墨厂重新加入市场。这些墨的厂商原本就是当年老牌子胡开文、曹素功的基础，几百年累积的做墨经验非同小可，各式各样造型精美、配方优异的墨条，忽然一下子就全出现了。对于长年寻找好墨的我来说，就像看到一个完全开放的宝库，这里买一点，那里买几条，几年下来，算算竟然买了数百条的墨。

买墨之余，难免想到当年江老师的故事，因而也开始计划做一条我自己专用的墨。

诗砚斋墨。

做墨和做笔一样，都要有相当数量才有厂商愿意配合，幸好诗砚斋的学生不少，一个人分配两条墨，轻易可以达到做墨的最低数量。

做墨和做笔不一样，做笔可以请厂商少数制作样品，测试确定合用以后再量产，墨比较难要求做样品，所以只能先选出最适合的墨，再和厂商商量如何修正成我要的条件。

这个过程有相当程度是尝试错误的，因为厂商原来的成分和配方比例不可能给你，只能尽量沟通。

幸运的是，第一次试做的“诗砚斋墨”就很成功，无论墨的样式、浓度、磨感，都相当好，甚至比厂商原来销售的成品更好。而之所以如此，是我在调整成分的时候，有书画应用的经验，所以知道要如何改善原来的配方。

做笔做墨的人虽然都是这一方面的专家，但其实他们不一定真正懂笔懂墨。

在实际使用上的状况，要说到会用、如何用，以及如何改进，还是得靠书画家。

不过书画家也经常会被自己的感觉欺骗，因为特别的、稀有的文房总是容易有先入为主的、“比较好”的认定，判断就会偏差，更严重的是，因为这种心理也很容易让人误入歧途，反而迷失了方向。

三十年来，我用过的墨的种类也不算少了，也交了不少学费，大致上的结论是，好墨很重要，但书画本身的修养更重要。文房用具的讲究可以让书画作品更上层楼，也可以增加书斋的生活品位，但最根本的，还是书画能力的修养要够，否则一切都是空谈。

我常常看到大陆网站上许多业余玩家谈墨的好坏。他们对墨条的年份、产地都很清楚，说起墨的好坏好像也是头头是道，有的甚至附上许多“试墨图”证明他们的看法，但坦白说，在计算机上判断墨色如何，我觉得只是自说自话。

看到这样的网站数据，我总是匆匆阅过，然后赶快回到画桌，磨墨写字。

在墨色表现上，胶的好坏对墨的质量影响最重要。

墨韵穿越

一

墨的穿越

中国大陆近年流行“穿越”，不但穿越的古装戏成为风潮，也有人致力于墨的穿越。

墨的穿越，是指用高压锅蒸煮，或用微波炉使墨条快速退胶的方法。

墨条的退胶，一般是指墨条中的胶在经过一定时间之后（通常要数十年），胶性退化的结果。

很多大陆书法网站的文章都大力推荐，说用微波、蒸煮之后，墨的表现更为漂亮。

但我实际测试过，对用微波、蒸煮墨使之退胶，可以增加、改善墨的表现能力的说法，非常不以为然。

历史上做墨的名家以李廷珪最为著名。李廷珪，南唐易州（今河北易县）人。唐末迁居歙州，制墨绝佳，深得南唐后主李煜赏识，任墨务官，赐国姓，易名李廷珪。

李廷珪在继承祖辈技术的同时，努力创新。他经反复研究和无数次的实验，发明了新的配方：松烟一斤、珍珠三两、玉屑一两、龙脑一两，同时和以生漆、鹿角胶、珍珠、犀角、藤黄、巴豆、桐子油、麝香、冰片、栲、木皮、石榴皮等物放一起，捣十万次。所以他做的墨，胶不变质、墨不变形，质量大大超过了爷爷和父亲，达到了登峰造极的程度，遂又形成了新的品牌——“李廷珪墨”。

据说李廷珪所制的墨，“丰肌腻理，光泽如漆”，而且坚硬如石，“其坚利可削木，坠沟中，经月不坏”。墨磨后的边缘如刀刃，可以裁纸。有人做过实验，用这种墨抄写《华严经》一部半，才研磨下去一寸。还有人研磨习字，“日写五千”，一枚墨竟整整用了十年。“有贵族尝误遗一丸（李廷珪墨）于池中，逾年临池饮，又坠一金器，乃令善水者取之，并得墨，光色不变，表里如新。”

南唐李后主文艺多才，极为讲究文房用品，“诸葛笔”、“李廷珪墨”、“澄心堂纸”、“婺源龙尾砚”称为“文房四宝”，李廷珪墨的质量精良，在苏东坡、黄山谷等人的笔记中也经常提及。

李廷珪的墨之所以能够“其坚利可削木，坠沟中，经月不坏”，简单来说，就是墨里面的胶和其他物质混合、完全干燥后，坚硬、不溶于水。且不深究墨条在水中不化是否表示墨比较好，但无论如何，在墨色表现上，胶的好坏对墨的质量影响最重要。

胶在墨中主要有三种作用：第一，制作墨条时定型；第二，使用时以胶的黏性让墨粒子附着在纸上；第三，以胶的光泽度，让墨在纸上表现出温润的效果。

因此，墨中的胶性退了以后，理论上说，对墨只有坏处没有好处。

然而，既然如此，又为什么追求退胶的墨呢?

主要的原因，是因为人们对老墨的迷恋。

张大千曾经不止一次说过，乾隆以前的墨条最好，道光时期的墨还勉强可用，再晚的就不好了。

张大千是近代书画成就最高，也最讲究笔墨纸砚的画家，他一辈子都在追求书

画材料的极致，以他的经验说墨，当然有极为精到的地方。

而大家对张大千说墨的理解是：墨的年代愈久愈好，至少老墨比新墨好就几乎成为定论。然而这种观念并不正确。

新墨，定义很清楚，是指刚刚做出来一两年内的墨，墨条甚至还没完全硬化。

老墨的定义就非常模糊，甚至完全没有标准，有的人认为，十年以上的墨就是老墨，也有的人主张要二十年以上，至于百年以上的墨，更是珍贵。

数年或数百年的墨当然珍贵，但那是因为时代愈久，东西的取得和保存就愈难得，所以从文物的角度来说，老墨是珍贵的，明墨比清墨好而贵，元墨比明墨好而贵，以此类推。

但就使用上来说，却未必如此。

老墨的好坏，就使用效果而言，首先，要看原来做墨的质量如何；其次，看墨的保存状况；最后，才是看墨的年代，墨并不是愈老愈好。

就算是原来做得极好的墨，也不见得愈老愈好。如果墨退胶了，再好的墨也没用。

张大千说乾隆时期的墨最好，道光时期的墨勉强可用，再晚的，就不好了，主要原因在乾隆之后做墨的原料、工艺愈来愈差，而并非年代愈久的墨愈好。

所以以前的人如果得到已经退胶的墨，会用新墨“再和”，最主要的原因，是老墨的烟料好，丢掉可惜，但已经退胶的墨不能用，所以要用新墨（胶）再重新做过，使之可用。

既然如此，为什么还是有这么多人热衷墨的穿越？我觉得，一是表示自己讲究，二是可以借此糊弄其他的同行，三是穿越过的墨的确比较好。

很多人信誓旦旦地说，穿越过的墨，的确比较好，尤其在淡墨的通透性上非常突出。

穿越过的墨，由于胶性被破坏或分解，墨色表现会和原来有所不同，这是一定的，但是是否比较好，我觉得见仁见智。以我实际操作的结果，差别不大。

墨的使用是不是可以发挥到让人觉得层次分明、赏心悦目，最主要靠的还是书画的技术和能力，而不是材料本身。对高手来说，墨汁也可以有很好的表现，台静农、江兆申先生也用墨汁写字，他们写出来的作品，墨色一般都极为漂亮，干湿浓淡的变化非常丰富。

即使以材料本身的好坏来说，墨的表现，还要看载体（纸张、绢）的性质如何，书画风格的种类，也影响墨韵的表现，说墨经过微波、蒸煮之后就如何如何，坦白说，唬人的成分居多。

写字画画要讲究笔墨纸砚，但主要的目标还是应该放在书画技术、人文内涵的养成上；笔墨纸砚的追求，也应该是讲究质量上的精良，可以因此增加作品的表现深度，一味追求强调笔墨纸砚的稀罕奇巧，完全没有意义。

二

墨分五色

中国书画皆以墨为本色，即令工笔绘画之重色浓染，亦必先得墨稿。墨稿好坏，影响后续上色工序以及最后的绘画成果，不能“墨分五色”的墨稿，必然是次等之作。

墨之为用，其奥妙之处，非精于书画之人无以致知。墨匠能做墨，自然了解墨的基本好坏，但墨色之精微究竟到什么程度，只有书画家可以掌握。毕竟墨匠不善书画，未能穷究墨的各种使用效果。

例如，以墨的黑度来说，理论上与墨的浓度成正比，然而实际应用并非如此。过度焦浓的墨，想象中应该是最黑的，因为其中的墨量最多。在水墨绘画的应用上，最后的步骤也就是用焦墨或浓墨“提醒”可能过于平淡的画面，增加一点高浓度的墨色，可以让画面立即有精神起来。

然而过浓的墨就会黏在笔上，不容易从毛笔移到纸张上，因此太浓的墨反而无法适当表现出墨的色调。

每一条墨性质不同，墨本身就有不同表现，而同样的墨在不同的纸上有更多变化，同样的纸，用不同的墨固然会有不同表现，同样的墨，在不同纸上通常墨色也都不一样，墨的使用，何其困难？

不能『墨分五色』的墨稿，必然是次等之作。（许映钧摄影）

三

墨的韵味

墨韵之难，在完美之墨韵须确实掌握纸、笔、墨、字四者之最佳关系。

古人写字，墨以笔画流畅为宗，晋唐书法墨色之佳，于今见之，则仍亮丽如昨日书就。宋人用墨最讲究，其乌黑沉厚，令人惊艳。

2013 年 3 月在东京博物馆，见赵孟頫行书真迹，纸色古老而墨色如新，凝视久之，如在梦中。

宋朝黄山谷、米芾的墨色一向以浓厚著称，近距离观察他们书法的墨色，真可以说是深沉如梦。

古人用墨大抵如是，总之以浓黑为尚，到了明朝董其昌才开始用淡墨，温润妍美，略无洇渗之病，非用笔精妙而善知纸墨关系之精微，无以致之。

明末傅山、王铎辈用笔粗放豪迈，用墨淋漓尽致，墨色浓淡湿燥，极尽变化之能事。后学者目眩其技，风从者众，于是书法用墨之道，至此为一大变，而“恶墨”横行，满纸乌烟瘴气，亦由此风行矣。

傅山主张宁丑毋巧，字法支离破碎，王铎用笔豪迈，往往一笔数字连绵而下，观者以为神、能，傅山、王铎影响所及，则二王精妍行草、唐代严谨楷书之千年

墨韵之难，在完美之墨孕须确实掌握纸、墨、笔、字四者之最佳关系。

经典，竟被弃如敝屣，以是书道正统竟式微三百年，于今犹见其害也。

以时代风格论，傅山、王铎之书法主张、书风呈现，确有其正面意义，但两者之论过于偏激，未明书法之根本原理者，极易受其名声、地位、影响所迷惑。

傅山、王铎字法支离破碎、行气随意变化，后学者迷于其中酣畅，模之仿之，而渐入魔道而不自知也。

傅山、王铎何许人也，一称“晚明第一写手”，另一称“笔神”，其于书法技艺，精妙娴熟可知，以其精熟，虽放手纵意，自有规矩在焉。常人既无两人功力，而妄为豪迈，必然粗俗，却以傅山、王铎之言洋洋得意，大言不惭地以丑为美，其中恶质劣法，真不知伊于胡底矣。

以我看来，老实磨墨，墨浓了再写字，还是最为重要，墨色一旦浓黑深沉，自可穿越时空，感动不同时代的观众。

做笔的故事

这几年，我做了不少笔，自己用，也给诗砚斋的学生用，但一直没有打算开放外售。

原因很简单，做一支笔，不管有没有成功，要耗费的心力都非常大，要把笔做好，其中的辛苦不是一般人可以了解的。然而对买笔的人来说，不过就是一支笔几百块钱的事，没什么了不起。因为知道许多人有这样的心态，所以我不愿意外售。

现在网络方便，网友很容易找到我，因而也常常接到类似这样的消息："我要买两支笔，多少钱？你账号给我？"其态度之粗糙、草率、无礼，常常让人感叹。

更多的人看了我的书，就直接来向我买笔，一知道笔不卖竟然就生气了。真不明白这种人的教养在哪里，我教你写书法的知识，可没义务帮你准备写书法的工具。

这种人太多，更让我不愿意卖笔。

我曾经写过找纸的故事，其实找笔的故事更多，过程也更难。

一

做笔很难 用笔更难

我常常说，天下好的毛笔很多，会做笔的师傅也很多，但是，真正会用笔的人很少，知道一支笔要怎么使用，则只有功力深厚的书画家才能做到。

而要定做出一支适合自己使用的笔，那更是难上加难。除了精湛的书画技术，也要了解做笔的技术，以及毛笔的形制和书法风格之间的种种复杂关系。在试做试用的过程中，还要有足够的知识与耐心和做笔的人沟通。一支好笔的完成，说比登天还难，也不是太夸张。

有的人也会认为，现代科技那么发达，做一支毛笔有什么难的呢？说这种话的人，一点常识都没有。

现代科技虽然发达，但并不是万能的。以做毛笔来说，现代发达的科技，可是连一根动物的毛都做不出来，更不用说做笔了。

毛笔最大的变量是动物的毛，每年的气候不同，动物的生长情形不一样，长出来的毛就有不同程度的差异。如何把毛笔做到“每年差不多”已经是非常不容易的事了。

❖ 真正会用笔的人很少，知道一支笔要怎么使用，则只有功力深厚的书画家才能做到。

我每年大概都会做一两款毛笔，每次做出来的都不大一样，原因就是变量太多，不是做笔的人可以控制，所以如果做出来的笔和想象中的有差距，我也不会太苛求。

写字的人要爱惜毛笔，也要懂得找笔，因为就算有人可以帮忙做笔，他也可能只擅长一两种毛笔，不可能完全满足书法家的需求。

二

选错毛笔 影响严重

篆、隶、行、草、楷每一种书法字体的风格、大小，都只有一两种特别适合的毛笔可以使用。选错毛笔，不但影响学习效率，甚至可能养成许多坏习惯。

因而所有的书法家几乎一辈子都在找笔，找适合他使用的笔。

大陆一位做笔的师傅李兆志写过一本书《启功与笔工》，讲述了二十世纪六十年代时年轻的李兆志和大书法家启功交往的过程，以及李兆志为启功特制“白云青山”系列毛笔的细节。“白云青山”不是普通的毛笔，而是专门为启功的书写习惯、风格而量身定做的毛笔，是经过启功长年试，李兆志不断修改，而后才慢慢发展成形的毛笔。一支小小的毛笔，可以说倾注了两个人心血和智慧。没有启功的书法功力、李兆志的制笔功夫，以及两个人超越年纪、身份、社会地位的真诚交往，又怎么会有这样的一种毛笔产生?

我做的笔当然还不可能达到“白云青山”那样的境界。事实上，很多厂商没时间，也没意愿和我们这种订量不多，要求却很严格的书画家打交道。

所以在做笔的过程中，常常会碰到许多挫折，常常会想要放弃。这些，都不

❖ 所有的书法家几乎一辈子都在找笔，找适合他使用的笔。（黄亭珊摄影）

是那些认为花钱就可以买到的人可以想象和愿意尊重的。

然而，对没有笔的人说，做笔过程如何不重要，有多么困难也不重要，其中有什么心路历程，更不重要，唯一重要的是他能不能得到那样的好笔。这种心理也可以理解，但如果态度太不尊重，确实让人觉得厌恶。

三

学习书画 首要尊师

以前教学生写瘦金体，瘦金体需要比较特殊的毛笔才容易写出来，甚至可以说，如果没有适当的毛笔，根本不可能写出瘦金体。

我自己是有一些写瘦金体的毛笔，但总不能把我自己的毛笔让出来给学生练习用吧？所以就叫学生自己去找笔。这一找，花了几个月的时间，也花了数万元，就是连一支适宜写瘦金体的毛笔都没有。

后来没办法，还是我亲自出马，找大陆做笔的朋友想办法，好不容易才做了一百支笔出来。

以前我们跟江兆申老师学习的时候，自己买到什么好笔好墨，第一个想到的，一定是拿去奉献给老师，而不是自己用，那种心意真的是敬师如父。好吃好喝的，总是要先孝敬父母，有剩下的，才轮到自己享受。

现在的人不但没有这种心态，反而是到处打听老师的笔去哪里做，想要私下拜托做笔的师傅照老师的笔偷偷做一些；老师的纸去哪里买，也要想办法去买一点。做这样的事，基本上就是没有了尊重与敬重。要知道门路与答案，可以直接问老师，老师不愿意回答的，自有他的道理，无论如何要尊重。

❖ 学习书画，首先就是要学习尊师重道。

还有的人，买到什么特别的东西，不是拿来分享给老师用，而是在老师面前吹嘘自己买了什么笔什么墨，凡此种种，真是让人不知如何反应。

学习书画，首先就是要学习尊师重道，如果连老师都不尊重，老师怎么教得下去呢？

我常常讲一个很简单的例子，要写好字前提就是要把毛笔整理好、把墨磨好、把墨蘸好，但有时我上课跟学生说，你的墨不够浓，有的学生竟然会回答“我觉得还可以啊”。学生这样固执，那么因为墨不够浓而引发的种种问题也就都不用更正了。

坦白说，很多老师教书画都是藏私的，有的老师甚至不让学生看他写字画画。我不敢说我教得多好，但至少从来不藏私，但也未必因此就能够对学生倾囊相授，因为学生学到某个程度以后，如果有了傲慢、自大的心，那老师自然就不可能再继续教下去了。

有的人甚至以为老师有的文房用具他也都有了，从此可以和老师一样了。

四

笔墨纸砚 天分才情

文房用具的讲究，是学习书画过程中的一个重要环节。好的笔墨可以增加作品的质感，好的纸张可以让书画更精彩，但是，最重要的，还是在书画功力、人文修养，以及个性、天分、才情。

看不到这些“最关键”的元素，以为有了特制的笔墨纸就可以达到和老师一样的成就，这样的学生其实还不少，也常常让人不禁为之摇头叹息。

还有些人喜欢用难用的毛笔来显示他的功力，例如用长锋羊毫写字，其实这种炫耀的心态大于写字的能力，对写字完全没有帮助。

用笔最适当的态度，就是选对毛笔，把字写好。

因此，即使在我们的书法教室，初学者还是用不到我做的笔，因为如果完全没有基础，那就不可能感受得到毛笔好坏的差别在哪里，反而只是浪费了好笔而已。

何况学生也要懂得自己去找笔的。找笔的过程可以学到很多东西，而找笔的困难，也多少可以让人产生一点珍惜好笔的心情，而不是那么粗糙地以为有钱就可以买到任何东西。

❖ 书法并不是单一存在的学问或技术。（陈勇佑摄影）

且不要说做笔要有学问，光只是买毛笔，也要有很多知识，否则很难买好用的笔。

常常有人问我，要如何买笔。光是听到这样的问法，就知道问问题的人是初学者。毛笔的种类、大小那么多，书法的风格也那么复杂，毛笔种类和书法风格是有一定关系的，没有基本的认识，不可能买对毛笔。

现代人学书法，通常不知不觉中把自己限制在学写字的技术范围内，关于笔墨纸砚的知识却从来不具备，也不知道要主动去学习，这样怎么可能学会书法？

书法并不是单一存在的学问或技术，书法是用毛笔沾墨写在纸张上。笔墨纸砚这些书法的工具、材料，当然对写字有决定性的影响，不了解这些和书法相关的知识而只学写字的技术，是学不会书法的。

所以，想要学会书法，还是得不时地为自己寻找适当的毛笔。

一张好纸的故事

1978 年 8 月，在海外生活了将近三十年后，张大千决定到台湾定居。

当时物力奇缺，张大千苦于没有好纸可用。江兆申老师时任台北“故宫博物院”副院长，和张大千是莫逆之交，因而想办法解决张大千用纸的困难。

一

灵沤馆制纸

江老师亲自开了做纸的材料、工序，到日本找人定做。做纸的老先生是位人间国宝，除非定制的人身份地位相当，等闲不肯轻易动手。

人间国宝派人到台湾打听，才知道江老师竟然是台北“故宫博物院”副院长，而且本身就是书画篆刻大师，自然没有推辞的理由。

日本的人间国宝也很慎重，先小量制作，两次专程到台湾请江老师试用，认可后才正式动工生产。

于是这才有了书画收藏鉴赏界都知道的，张大千和江兆申晚年精品中特有的，印有“大风堂”或“灵沤馆”水印的名贵纸张；江兆申老师自己的纸背后，并用上品朱砂印着“灵沤馆精制纯三椏罗纹宣”、“灵沤馆精制楮皮仿宋罗纹宣”。

从 1991 年到 1996 年，在我跟随江老师的五年时间中，这样的纸，即使是江老师自己，也很舍不得用，而但凡使用，则必然是江氏作品中的精品。

同样的笔法，在特别好的纸张上，会散发出不同的惊人魅力。纸张的好坏对书画作品的影响之大，由此可见。

江老师过世后，灵沤馆弟子平均分得几张江老师留下来的灵沤馆精制罗纹

❖ 江兆申画在楮皮仿宋罗纹纸上的作品。学书法而不了解传统文化，就很难把书法写好。

宣。十几年来，我数度想用这张纸画画，但总是拿出来欣赏半天，最后又原封不动地收藏起来，实在舍不得用。

虽然舍不得用，我却将三款灵沤馆精制罗纹宣各一种，送给了两位做纸的朋友——王国财和黄焕彰。

二

广兴纸寮 初造楮皮罗纹

我的想法是，灵沤馆精制罗纹宣用完就没有了，而且也只有灵沤馆弟子才有，如果王国财和黄焕彰可以做出同样、甚至更好的纸来，对所有的书画家来说，才是解决找不到、买不到好纸的方法。

国财兄当时在林试所上班，主要的工作就是研究手工纸。限于人力，只能少量制作，加上实验所需，常常要变换制作条件，以便测试纸张在材料、制作工艺、添加物等各方面所产生的影响，加上他只是研究，并不生产，所以只有少数朋友有幸得到几张试用。

至于纸张的大量生产，我还是寄望广兴纸寮的黄焕彰。毕竟他有完善的工厂、众多师傅和营销渠道。

2001 年，焕彰兄送给我上千张他做的各式纸张，其中就有几款罗纹，虽然不是梦寐以求的那种材质，但也相当不错。我当时就建议他，实在应该想办法再做出精制的楮皮仿宋罗纹。

我知道，要做出楮皮仿宋罗纹不是说做就做，江兆申老师当年用什么配方也不清楚，所以只能等待，或许这个愿望将永远无法实现。

不过，我还是将我所知道的尽量告诉焕彰兄，楮皮、仿宋罗纹这两个纸张的特色一定要把握。

2005年夏天，焕彰兄忽然寄给我两款楮皮仿宋罗纹，因为没有心理准备，所以更喜出望外。

那两款楮皮仿宋罗纹的品相非常好，特别新做的纸帘，纹路很漂亮，纸张的厚薄非常均匀，和江老师定做的纸有点类似。

试画之后，我带着作品专程到埔里和他讨论这张纸的墨韵、颜色表现。通常，为了测试新纸的特色，我总是会“无所不用其极”地用尽各种方法、技巧去探索纸张的基性和极限。简单的结论是“泼墨工笔两皆如意，受墨呈彩非泾县新纸能望其项背”。

当时，画了不少画，也写了不少字来测试纸张，并且有诗为证：

• 广兴纸寮赠纯楮皮罗纹

灵沤馆制楮罗纹，品相典雅帘深痕。

几渡东瀛无从问，十年寻觅如追梦。

忽然焕彰寄纸来，翩翩浑似梦里裁。

恨无巨椽天样笔，写尽江山千万彩。

【落款】广兴纸寮纸品多出传统工料之上，尤能利用台湾植物另创新品，最为名家激赏，余写其纸则泼墨工笔两皆如意，受墨呈彩非泾县新纸能望其项背，乙酉仲夏忽获快递纯楮罗纹两款，绝美可追灵沤馆旧制，因写荷画山并赋新诗以记其畅怀。

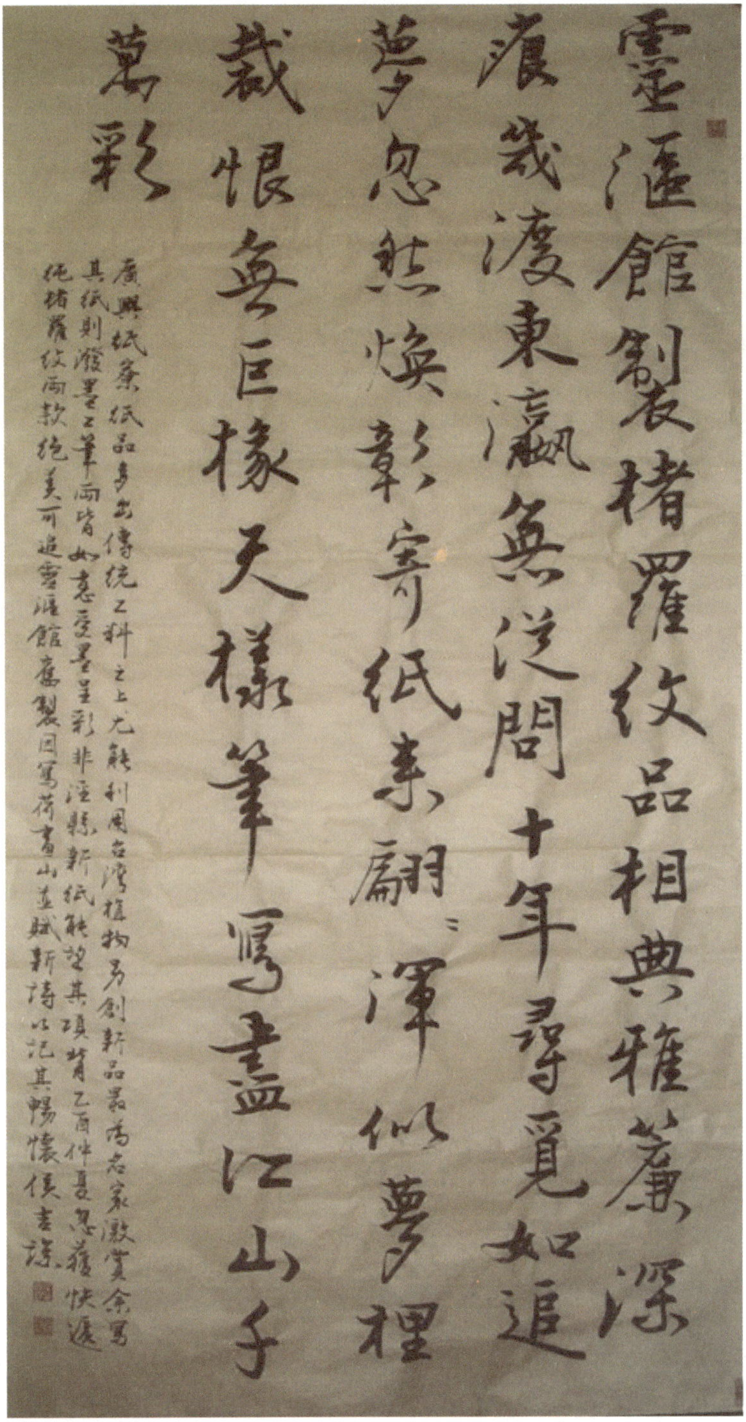

侯吉谅自书诗，咏广兴纸寮楮皮仿宋罗纹。

当然，这是赞美优点，可以改进的空间也很大。

我问他，这张纸是否参照江老师的楮皮仿宋罗纹？他这才告诉我他只是从书上得到一点印象，真正的纸张从未见过，所以不知道做得像不像。

于是，我又找了一个时间，专程把江老师的罗纹纸送去给他。

虽然事先说了，但他还是数次问我：“真的要送我？”

说真的，问得我都差点要把纸收回来了。毕竟，那是我自己都舍不得用的纸啊，不过看他仔细端详纸张的神情，我还是觉得，把灵沤馆精制罗纹纸送给有心做好纸的人，更有意义。

三

楮皮仿宋罗纹的诞生

焕彰兄对他的这张罗纹虽然很满意，但看过江老师的纸以后，觉得还可以再改进，我也觉得在色泽、厚薄和生熟度上，甚至是否打磨等都要再讲究一些。

接下来几年，焕彰兄不断改进工艺配方，也定制了有广兴纸寮水印的抄纸帘子，并请台湾“中科院”的朋友研究如何用玻璃纤维来做纸帘子，以改善竹帘难以克服的缺点，每批纸的制作年份也都做在帘子上。一直到2008年，他做的楮皮仿宋罗纹基本上已经定型。

每次收到焕彰兄的纸，他一定亲自在包装上注明纸的制作日期、重量、编号，以及参与配料、抄纸、烘纸的工作人员的姓名，这些都是以前不会有人注意的细节，也充分展现了他对做纸人的尊重。

2009年，我带诗砚斋书法班学生到埔里，参观广兴纸寮的做纸工序。那一次，在广兴纸寮看到更多种类的新纸张，非常惊讶，因为焕彰兄做的纸显然已经更上层楼，我不禁赞美有加。焕彰兄则含蓄回答：“总是要有进步啦。”其实得意之情尽在脸上。

那次看到的纸，有华丽的金笺、银笺，极薄的仿古雁皮，还有难得的植物染

广兴纸寮楮皮仿宋罗纹的品相非常典雅。写字画画都可以呈现极为迷人的效果。（侯吉谅绘画）

楮皮、矿物染楮皮，以及已经有了2008年制作年份水印的楮皮仿宋罗纹。我们二话不说，把剩下的楮皮仿宋罗纹全部买光了。

就做纸的成就来说，黄焕彰是应该得意。以我用纸经验，王国财和黄焕彰做的纸，绝对数一数二。

四

当代最好的手工纸，就在台湾

很多人常常问我大陆纸张如何，好不好用等等。

我认为，当代最好的纸，就在台湾。

然而多年来，台湾手工纸的市场被大陆的纸张挤得几乎无法生存，学书画的人，大都也不知道如何分辨好坏，只在乎价格高低，所以大都买大陆的“宣纸”。

一般人都以为，写字画画最好的纸就是宣纸，事实不然。宣纸有其特有的优点，但宣纸只是手工纸中的一种。

很多人也都以为，写字画画一定要用宣纸，其实也不是这样，用宣纸来写楷书，更是要命的错误。

唐朝以前的纸张，大都是麻、楮等树皮类的纸，比较不吸水，配合上利如刀刃的硬毫，所以才会产生唐朝楷书那样的字体。

现代人用羊毫软笔在宣纸上写楷书，根本就是自讨苦吃。

而台湾手工纸厂擅长做的纸，正是楮、麻、雁皮之类的纸张，其韧性、强度远不是宣纸可以比拟，综观历代书法大师用的纸张，大部分还是皮纸居多。

所以，我说台湾纸比大陆纸好，绝非过誉。可惜台湾创作、学习书画的人，大都不了解台湾手工造纸产业的成就，这也是台湾手工造纸没落的主要原因。

不用台湾纸，真是书画创作、学习的大损失。

第二篇

书法与修行

学书法要了解传统文化，才能把书法写好。（许映钧摄影）

书法的修行

一

书法联结中华文明

现代人学书法，主要目的是为了写一手漂亮的字，因而在意的也往往是书写的技术。

为了把字写得漂亮而学书法，方向没错，但如果因此只注意书写技术，则必然无法进入书法真正的堂奥。

现代人不用毛笔，甚至写字的机会越来越少，也有一些人是为了了解传统文化而接近书法，说是为了弘扬传统文化，然则传统文化与书法究竟有什么关系？为什么接近书法就可以了解传统文化？

按现在一般人写书法的目的，把字写好，其实只能是一种书写的技术训练，而与文化没有太大的关系。

学书法而不了解传统文化，就很难把书法写好，事实上，几乎所有的技艺也都是如此。所谓“技进于道”，不了解这门技艺的内在精神所在，技术只能到达一定程度，而无法再进步。更何况，书法联结着整个中华文明最精致优雅的部分，略去这些而只是注意写字的方法，也未免太可惜了。

二

汉字发明的大智慧

汉字的发明，是从象形、指事开始，象形、指事并非只是单纯模仿大自然的形象，还包含了文字发明之时，看待大自然的方式，所以每一个字字形本身，就包含有非常深刻的文化含义。仓颉造字的故事，现代学校的教育应该都会提到《淮南子·本经》中的记载："昔者仓颉作书，而天雨粟，鬼夜哭。"以前，我们总是把这样的记载当作一种神话，总是认为，也不过就是发明文字而已，哪里会发生"天雨粟，鬼夜哭"这样的异象呢？人类从结绳记事开始，终究有一天会用图画、象形的方式来表达所见所闻，最后终于发明文字。但事实上，这种从具象图画到抽象指事的过程，并不简单，没有极大的智慧，不可能做到。

纬书《春秋元命苞》中，更进一步记载仓颉"龙颜侈侈，四目灵光，实有睿德，生而能书。于是穷天地之变，仰观奎星圆曲之势，俯察龟文鸟羽山川，指掌而创文字，天为雨粟，鬼为夜哭，龙乃潜藏。"《春秋元命苞》的记载有更多神异的事情，更让人觉得只是一种神话，甚至是迷信。

谈到人类文明的创建，上古神话总是有许多不可思议的传说，无论中外皆是如此。传统的历史学者都把这些上古文明的传说当神话来解读，然而越来越多的

❖ 学习书法要深入了解汉字结构中的各种奥妙之处，而不只是学写字的技术而已。（陈勇佑摄影）

证据显示，人类文明的“创建”，其实是来自更高科技的外星文明或上一世代的人类文明遗留，埃及、玛雅、吴哥窟等诸多不可思议的建筑，都应对着猎户星座、天狼星等等天文分布，其中并充满各种极为精确的天文知识。这些分布在世界各地、彼此不可能互相交流的文明，却以相同的建筑结构“记录”完全一样，且当时人们不可能观察得到的天文知识，说明人类文明的发展，的确存在外来文明的参与。

因而，仓颉“龙颜侈侈，四目灵光，实有睿德，生而能书”不能以简单的神话视之，如此也才能解释许多汉字的构成，为什么包含了天文、医学、地理的各种对应，因为仓颉很可能就是《黄帝内经》中所谓的“上古真人”，是具有半人半神能力的人，因此他所创造的汉字如同《黄帝内经》一样，承载了现代科学至今无法解释，但却真实存在的知识。

因而学习书法，很重要的面向，是深入了解汉字结构中的各种奥妙之处，而不只是学写字的技术而已。

三

书法有道

事实上，在历史长久的发展中，整个中华文化的所有一切，待人接物的道理，尊师重道的诚敬，诗词绘画的美，茶、酒、饮食的享受，服饰、音乐、舞蹈、园林建筑的精致，医学、武术的玄奥等，都通过书法来记载、传承。现代人学书法如果只学写字技术，如练太极只打架式，样子唬人却不堪一击。

每一个民族都有每一个民族的特性，从食衣住行到观念思想都有其特别的地方，长期生活在其中，形成特殊的观念和想法。

传统文化通过文字的记载而得以流传，因而文字承载了文化的“内容”，通过书法的书写，文字的内容、文化的内涵于是浸润到书法的笔画之中。书法写字技术中的诸多要义因而与文化产生微妙而深刻的关联，不明白民族文化特性之所在，就不可能对书法的奥义有所体会。

书法的美感，来自汉字结构的几何、数学原理，更来自运笔之际力道变化的神妙精微，而力道变化的神妙精微无一不与文化特性息息相关。

中华文化在汉朝之后以儒家思想为显学，但中华文化的根底，实际上却根植在道家思想，阴阳五行之相生相克，涵盖从物质认识到哲学思考的千变万化，终

诗词、绘画、茶、酒、饮食、服饰、音乐、舞蹈、园林、建筑、武术等都通过书法来记载、传承。（陈勇佑摄影）

而表现在诗词、书画、茶酒、饮食、服饰、音乐、舞蹈、园林、建筑，乃至武术、医学的精微之处。因此，书法之道，与种种生活面向、文化思想无不相关。书法在古代作为生活中日常使用的书写技术，必然处处体现民族文化的种种特性，而民族文化的种种特性也借由书法的书写而得以传承。

四

书法与时代

这种民族文化的传承，需要整体社会条件的配合。1991 年以前，台湾所有的广告招牌都是各式各样的书法字体。从事广告招牌制作的人，大都具有非常高明的书法复制能力，他们甚至可以用油漆刷子轻易写出书法风格的字体。有些注重招牌的商家，会请名家写字，当时台北市和平东路、罗斯福路口附近，几乎全部都是溥心畬、张大千、台静农、王壮为等名家写的招牌，置身在这样的环境之中，放眼望去，看到的影像到处充满书法，书法的魅力自然而然地在生活中落地生根。

1991 年以后，现代印刷技术开始应用于各行各业，计算机可以将字体放大或缩小进行打印非常方便，广告招牌的制作开始出现各种印刷字体，书法招牌在不知不觉中退出大众的视野。后来，中文计算机开始流行，计算机字体甚至一度成为重要的高科技产业，影响所及，很快成为所有报纸、杂志、书籍的最佳选择，于是现代人的汉字视觉，终于被计算机时代所统一。

计算机字体在广告、招牌、书籍、报纸上的大量应用，是时代的必然。短短几年内，传统印刷业中非常重要的铅字排版、照排打字很快就消失了，因为计算机字体太容易使用，放大缩小都很方便。要做任何招牌，都不必再像以前那样，

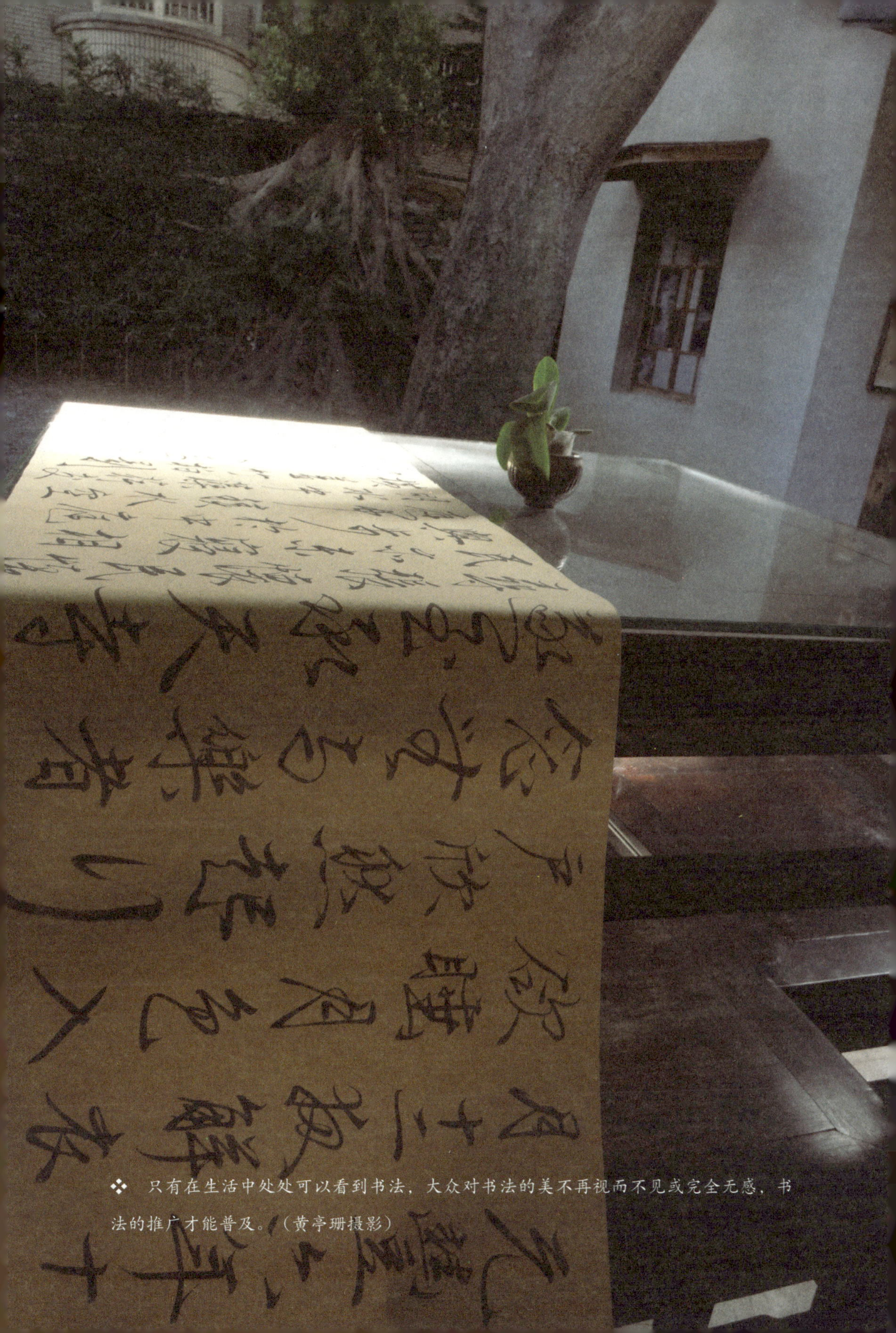

❖ 只有在生活中处处可以看到书法，大众对书法的美不再视而不见或完全无感，书法的推广才能普及。（黄亭珊摄影）

要找名家写字，不但要付一笔昂贵的“笔润”，写了以后也不见得一定满意。有了计算机，可以选择的字体很多，再加上制作工艺的进步，更可以做出许多炫丽效果，传统人工书写的招牌，显然就太单调了。

这种情形，在春联的应用上更为明显。在现代社会，春联有可能是大部分家庭会与书法发生关系的唯一联系。没有计算机以前，印刷的春联至少还是人工写了以后制版的，现在的很多春联则已经完全是计算机字体，只是增加了很多效果，五彩镭射、3D 打印，花样繁复，比起传统的手工春联热闹多了。

对大部分的人来说，各式各样的印刷产品，决定了人们与文字的关系。在印刷计算机科技的发展下，无论中国大陆、台湾，还是香港，人工书写的字体几乎都全面溃败。

然而反观日本、韩国，各式各样的书法字体仍然存在他们的生活之中。汉字书法在日本之广可不必细说，韩国亦可一探究竟。

韩国对书法的应用，在古装戏剧中尤其突出。不但大量使用书法作为宫廷环境的背景，而且书法的质量都相当讲究，常常见到许多书法名作的复制，可见他们是经过相当选择的。

推广书法，在现代社会中是不容易的，但其实也很容易。说不容易，是因为学会写书法很困难，年轻人通常也没有耐心长期学习，生活中有太多更好玩的娱乐吸引他们。任何一项技艺都需要年轻人的参与，才会有所继承发展，而在生活中“熟悉”、“习惯”书法的存在，才是推广书法最大的基础。因此推广书法也很容易——只要在电影、电视、报纸、书籍等各种大众传媒中多多使用书法，像日本、韩国那样，书法在华人世界就会很快流行起来。

只有在生活中处处可以看到书法，大众对书法的美不再视而不见或完全无感，书法的推广才能普及。

在现在社会、教育、媒体的多重影响下，大部分华人对书法可以说是完全陌生，也可能从来不觉得不懂书法、不会欣赏书法是件严重的事。

但现代社会国际化的程度太深，科技文明的力量太过强大，以致传统文化快速流失，也导致整体社会价值观念的严重混乱，人心纷扰不安。

书法可以定静人心，有让人在书写、欣赏的过程中，感受明显的稳定心情、寄托情怀的功能，光是这样的功能就值得我们去亲近、了解，何况书法还蕴含整个中华民族的文化精髓。如果可以从书法开始，深入了解诗词、绘画、茶酒、饮食、服饰、音乐、舞蹈、园林、建筑、医学、武术等博大精深的生活文化，现代人的生活内容，从物质到精神，必然都丰富许多。

禅与书法

一

书法的无限抒情

古人谈论书法可以达到的境界，以韩愈《送高闲上人序》最为透彻淋漓："张旭善草书，不治他技。喜怒、窘穷、忧悲、愉佚、怨恨、思慕、酣醉、无聊、不平，有动于心，必于草书焉发之。观于物，见山水崖谷、鸟兽虫鱼、草木之花实、日月列星、风雨水火、雷霆霹雳、歌舞战斗，天地事物之变，可喜可愕，一寓于书。故旭之书，变动犹鬼神，不可端倪。"

韩愈谈的，是张旭个人草书可以达到的高明境界，但这段著名的文字后来被广泛引用，变成书法功能的神奇描述——书法不但可以描摹万物复杂丰富的形状，更可以传达内心幽微幻变的情感，为书法的创作与欣赏之间，开展了无限宽广的可能。

韩愈并不是第一个这样高度推崇书法功能的人，在他之后，也有无数的书论在书法的境界与生命的情调的互相验证、启发上大做文章，不断深化书法的艺术性与内涵性。书法可以传达的境界，也因而成为判断书写者成就的最高标准。

但必须强调的是，没有超凡入圣的笔墨功力，固然不可能写出张旭那样的精妙的书法，而没有渊博高明的学问，也不可体会出韩愈深刻的感受。

❖ 书法不但可以描摹万物复杂丰富的形状，更可以传达内心幽微幻变的情感。（陈勇佑摄影）

古人日常用毛笔写字，文人们每天与书法为伍，比较容易有深入了解书法之美的心理，现代人对毛笔非常陌生，偶尔接触毛笔和书法，其实没有多少能力和机会能理解书法之美。

更何况古人判断书法的标准，基本上使用的都是抽象与感性的描述，加上文字本身的多义抽象，也常常让这种书法境界的描述沦为华丽而虚玄的辞藻，不但不能增加人们对书法的正确理解，更加深了一般人对书法的隔阂与误解。

二

禅与书法 同中有异

最常见的，是禅与书法的混杂一谈。

书法的书写状态和作品表达的意境，有许多的确是不容易表达或说不清楚的，例如，写书法时专注的心境、体会，以及在那种情态中所表现出来的艺术性与境界，都很难用一般的词汇传达，而禅，刚刚好拿来借用。

禅是佛教传入中国后最本土化的变异，尤其六祖惠能主张人人皆有佛性，强调不必苦修、只要顿悟，都可以“见性成佛”。禅之一字，因而成为含义极为复杂、神秘与具有超强能量的字眼。

更何况，宋朝以后的文人大都有各种程度的参禅经验，黄山谷、董其昌都曾经以禅论书法，并且用禅的术语、境界来解释书法最核心、最高明的境界。禅在书法史的发展过程中，的确占有非常重要的地位。禅与书法，抽象的思维与抽象的艺术（美感），的确相得益彰。

书法是所有艺术类型中，最“直见性命”的艺术，在书写的当下，完全呈现书写者的心性与情志，不可重来也不可复制，书法的创作因而与生命的体悟息息相关，无论在本质、修为或表现，书法与禅都有许多共通的精神。

书法是所有艺术类型中，最有“直见性命”的艺术。（侯吉谅书法作品《坐忘》）

但过度强调书法与禅的关系，有时不免失去焦点，甚至过度渲染。

古人向来把书法看作修心养性的有效途径，写字时所需要的专注，以及因为专注所产生的“定静生慧”的实效，也因此成为现代人学习书法的重要原因。

书法既然与修行相关，也因此又成为佛教乐于提倡的修行法门，其中又以抄经为佛门信众修习书法的终极目标。

然而现代人多半没有使用毛笔的能力，因此许多佛教道场开设的抄经堂或类似课程，便改用硬笔写经，尤有甚者，为了抄件的整齐美观，干脆用印了淡字经文的纸张，让信众照描。

三

专心写字 定静生慧

现代人抄经的目的，应该是增加对经文的记忆与理解，但使用硬笔、用印有淡字经文的纸张，却很容易让抄经沦为无意识地描字，如同有口无心的念经，实在一点意义都没有。

毛笔是很难控制的书写工具，要用毛笔写出笔画干净、结构美观、排列整齐的字体，非常困难，没有一万小时以上的练习，基本无法掌握毛笔。

即使不管笔法是否正确，光是用毛笔写出干净的笔画，就非常困难，做不到非常专心书写，就是无法用毛笔写字。

因为用毛笔需要专心，加上书写速度的相对缓慢，因此书写就成为一种深度的阅读，长时间面对一段文句所产生的理解力，绝非光用眼睛看过可以相提并论。

现代教育多强调理解与启发，但也因而偏废记忆的必要。记忆是深度理解的基础，对文字不能记忆在心，就不能随时反刍文字的含义，对精义玄奥的经典而言，记忆背诵、手抄默写是不可忽略的必要途径。

用毛笔抄经需要专注，因为专注让身心安顿下来，身心安顿会产生类似打坐、禅修那种物我两忘的境界，因而会引发一种常人无法理解的定静生慧的能量。书法与修禅，当功夫到了相当深度，确实有类似的效果。也难怪许多人喜欢把禅和书法相提并论。

用禅来形容不容易说明、解释的书法，确实挺方便的。然而缺点也是显而易见——凡是说不清楚的，或者想要唬人的，只要和禅挂上钩，就玄之又玄起来。

一件技巧拙劣的书法，也可以被说得很有禅意。因为禅宗主张不必苦修，不要太多的清规戒律，不要任何繁复的表象，是一种从本质到外貌都极简主义的宗教主张，而人们却又可以从禅的领悟中"一超直入如来地"，这样方便、超能的法门拿来说书法，实在是方便不过。

于是我们看到许多人动不动用禅说书法，有的人讲到写字之前，要打坐、平心、静气，以及放空世俗的牵挂与杂念，让人觉得在写字之时仿佛满身佛光，已经达到一种超凡入圣的境界，而后才心无罣碍地下笔写字。

我也的确看过书法家在现场挥毫的时候，总是先一身唐装，盘腿闭目打坐，仿佛入定般不理会现场的嘈杂喧嚣，等到现场的观众终于在长久的等待之后安静下来，书法家才慢慢从入定的状态中张开眼睛，很有型地走到写字桌前，在观众的引领期待中，大师般提笔、沾墨、写字。

这种表演多于书写示范的场合屡见不鲜，讲书法禅讲得飞天入地的大有人在，凡此种种，不免亵渎了禅与书法。

每次看到这样的禅与书法，都让人不觉摇头叹息，然而可笑也可悲的是，这样故弄玄虚的禅与书法却也总是吸引着大批信徒般的观众。

如果书写书法的状态进入高度专注，或许在某些方面的体悟和禅定是类似的，然而禅是一种主张完全放空人我众生寿者诸相而后才能达到的境界，书法却是完全专注在自己的意念当中，并且要把意念贯注在书写的文字与行列之中，禅空而书有，两者的专注本质上是完全背道而驰的。禅与书法，追究其实，根本是两码子事。

当然，作为一种高度抽象、抛弃既有成规的思维模式，禅的创新精神的确可以帮助书法家得到某种程度的精神解放，从而创造出某种境界的书法形式，例如弘一大师的书法。

然而在整个中国书法史上，有这种禅的境界与书法功力的，也不过就是弘一大师一人而已。弘一大师的书法固然创造了他个人的特殊风格，但即使如此，未必就有多么高明的艺术价值。弘一大师的书法，毕竟是因人而重，而不在其书法造诣的高低。

所以，以我一己管见，书法就是书法，禅就是禅，两者还是别混在一起、相提并论，免得自欺欺人。

手写的同时，也会消化、整理资讯。（陈勇佑摄影）

字如其人

安静写字，调和身心。（陈勇佑摄影）

有一次上课，我示范、修正了一位学生的字以后对她说："喜欢一个人，就不要犹豫，要勇敢示爱。"

可能因为还有别的同学在，学生听到了以后，没有回话。

过了一个星期，她终于私下问我，老师怎么知道我最近在谈恋爱？

我说我不知道发生了什么，但我看得出来，你的字里有一股喜悦。

类似的事情，几乎每次上课都会发生：学生最近的工作、事业、家庭有没有烦恼，或者是有什么好与不好的事已经发生、即将发生，我大都可以从学生写的字和写字的状况看得出来。至于学生回家有没有练字之类，那就更等而下之，根本一眼就可以判断出来。

一

书品与人品

常常有人问，从书法是不是可以看出一个人的性情？如果是，那么从一个人的字当中，可以看出什么东西来？

在《犯罪现场》之类的影集中，偶尔也会牵涉笔迹的鉴定，除了可以鉴定书写习惯，还可以鉴定出一个人的性格特质，但由于都是比较片断的推论，不明白其中的原理是什么，所以难免半信半疑。

但以书法来说，一个人写的字可以反映出他的性情以及当下写字的状况，则是真实不虚的。

古人讲书法，最强调的不是技法，而是人品，所谓“书品即人品”，讲的就是一个人的人品高低，决定了他的书法作品好坏。

这种说法有一定的道理，但也容易泛道德化。例如，赵孟頫、王铎两位书法大师，都因为在改朝换代的时候在新政权中当官，而受到极大的批评、攻击。

但书法的确可以反映一个的性格，《书谱》上说“质直者则径侹不遒；刚佷者又倔强无润；矜敛者弊于拘束；脱易者失于规矩；温柔者伤于软缓，躁勇者过于剽迫；狐疑者溺于滞涩；迟重者终于蹇钝；轻琐者染于俗吏。”把个性与写

❖ 写字可以真实反映一个人的内在。（侯吉谅书法作品节写《将进酒》）

字表现作了概括性的描绘，虽然不是很精密，但却相当准确。

以此推理，就可以了解书法如何表现出一个人的人品，颜真卿尽忠殉国，是历代书法家的“气节”代表，所以他的字也表现出和他的人格一样雄浑磅礴的气势；文天祥的字，同样有一种义无反顾的英气；宋徽宗柔美的瘦金体古今独步，表现了他的艺术天才，而作为“天下一人”的帝王性格，则在草书千字文中流露无遗。

为什么说书品即人品呢？

书法是人类所有活动中，最需要专注的。因为毛笔很软，必须有高超的技术才能控制，否则即使看似平凡的一个横画也写不好。

因为需要高超的技术与专注，所以写字时的任何一个动作，都会流露写字者当下的状况。

韩愈在《送高闲上人序》中说草书可以做到“喜怒、窘穷、忧悲、愉佚、怨恨、思慕、酣醉、无聊、不平，有动于心，必于草书焉发之”。

其实不只草书，其他的字体也会“有动于心，必于笔端发焉”。原因其实很简单，因为专心致意，写字的动作必然牵连着心绪的起伏。

但书法与人品的联结有时也并不那么准确，或者说要靠阅读者的仔细分辨，例如，“北宋四家”——苏东坡、黄山谷、米芾、蔡襄，其中蔡襄的位子原来是蔡京的。

蔡京是宋徽宗时的宰相，书法写得很好，宋徽宗还在当太子的时候就曾经以两万缗高价买下蔡京的一件书法，宋徽宗当皇帝以后画的《听琴图》，题款的人就是蔡京。宋徽宗是书画高手，又是皇帝，要在他的画上题款，蔡京没两下子是不可能的。

然而蔡京当了宰相之后干了很多坏事，政事败坏到后来国家都被金人给灭了，一路提拔他的宋徽宗还被俘虏，最后死在金国。蔡京如此祸国殃民，后人在定位书法成就的时候，他当然就被剔除了。

其实历史上许多著名奸臣的字都相当有水平，南宋秦桧、贾似道，明朝严嵩，书法都很有名，而且也的确写得不错。原因说来也简单，当大官的，不管好人坏人，都要有相当的聪明才智，写字技术只是这些人的众多才能之一，所以千万不要以为坏人都不学无术，事实上，没有大本事，还当不了大坏蛋。

二

手写的奥秘

以前计算机应用不普遍，一般上课都是手写做笔记，上课记笔记除了记重点，写字的过程也是帮助记忆的重要方法。现在录音、录像的设备很方便，很多人都用录音、录像代替做笔记，看似方便、周全，其实漏失许多重要的东西。

手写笔记最重要的功能之一，就是在记笔记的同时，也会消化、整理信息，那是一种心绪的高度活动，涵盖了人们对信息的记忆、理解、重组和整合。换句话说，做笔记这件事的表面只是记重点，但事实上却是整个心灵、思绪、感情的密集活动。

手写的过程和击键也有很大的不同。击键虽然方便、快速，但缺少手写时文字与心境联接的功能。简单来说，击键比较偏向纯粹的记录功能，其他与心绪流转相关的能力比较薄弱。至少，在我个人的书写经验中，这是很明显的差别，所以，长久以来，我仍然保持手写诗稿的习惯写诗的心绪比较多感性的跳跃与融合，写字时中文文字的造型本身就和思想直接联结，所以写字的同时，也是帮助心绪的流动和整理，击键似乎比较没有这种能力。

更严重的，当然是中文输入法设计的偏差。

三

中文输入法的危害

因为要用计算机键盘输入，所以各种相对应的输入法被发明出来，但大部分的输入法都不合理，因为中文的使用，是字形、字义相关的，而不是字音、字义相关，更不是键盘字根拆解相关。

键盘字根拆解、组合的输入法，首先改变了人们对字体字形、字义的相关联结。要打出一个字，思路的运作已经有了组合字根、对应键盘位置的第一层妨碍，无论如何熟练，总是会改变原本“思考／写字”同时进行的状态，键盘输入不等于写字，更不等于思考，从思考到打字，其中已经产生了太多阻碍。

拼音输入则更等而下之，因为拼音输入硬生生地把中文字的使用，从字形思考改变成拼音输入，这种拼音方式完全泯灭了汉字的文字特色，字形退居次要，字义和字形产生严重隔阂。如果再加上拼音不准确所造成的错误、修正，使得原来“思考／写字”一体的顺畅思路不断被中断，明显降低了使用中文时深入思考的能力。

拼音输入最可怕的影响，就是同音异字太多，在选字过程当中，产生了文字的歧义联想，造成思路的涣散、不集中，甚至被同音异字偏向、误导。

前几年，台湾教育主管部门决定减少中文上课时数和古文授课篇数，许多关心台湾学生中文水平日益低落的专家学者强烈反对，主张不能减少语文时数和古文篇数，但是，这些专家学者其实并没有切中时下学生中文水平低下的真正原因。

一星期多上两小时语文、一学期多上两篇古文，老实说，对提高学生的中文水平恐怕没有太大的帮助。因为现在学生中文水平不断下降的原因，是语文教学的不注重应用，以及学生群体大量使用拼音输入法。

语文教、学的问题非常复杂，无法简单讨论，但拼音输入法的影响显而易见。拼音输入法不必学习，只要记得键盘和拼音符号的相关位置，就可以立刻使用，长期下来，也可以像打英文那样快速。然而，使用拼音输入法容易产生同音异字，学生们大都懒得选字，只要发音一样，读的人也都可以理解，但用户错误的文字使用多了，正确的文字能力必然下降。再加上短信、实时通信这类快速往返传送的文字工具，大幅度增加了用户语言、词句的不完整应用；要快速回复不断传送过来的短信，思路更容易变得混乱、纠结，长期使用这些错字、不完整短句的结果，当然就是中文水平的严重衰退。

二十世纪九十年代，个人计算机逐渐成为每个家庭的必备用品，那时我就开始呼吁，教育主管部门要出面组织一个由语言学者和计算机专家组成的团队，重新发明或改善适合中文使用的计算机输入法，否则台湾学生的中文水平永远没有办法获得改善。

可惜，有权力决策的教育主管部门的官员、学识渊博的语言学者大多年纪比较大，他们可能是从来不会计算机输入的一群人，所以我的主张，至今没有被人重视过。然而十几年过去了，台湾学生中文水平的日益低落是再明显不过的事实，而大部分人使用的计算机输入方式，依然是那些违背中文使用习惯的输入法。而目前看起来，改善的可能也几乎完全没有。

所以，在许多场合，我总是提醒大家要用手写记忆，不要太依赖计算机科技。

四

书写是深度的阅读

手写对中文使用来说，不只是记录方便，而且同时进行数据的消化、重组与融合。写字的时候，脑中同时进行的是理性感性双重整合，这种功能远远不是使用拼音文字的人可以想象的。

手写文字的功能已然如此，书法的书写更是深邃。书法的书写需要高度的技术与专注力，大部分人用毛笔写字的时候也比用硬笔书写缓慢得多，练字的时候要对一个字、一个句子、一首诗长期而重复的练习，在一笔一画的书写中，也就是文字的深度阅读和理解。

我有一段时间以抄写佛经作为书课的目标，而佛经中有许多文字的意义非常深奥，即使查阅相关注释也很难理解，例如《金刚经》常常出现的句子："若有想，若无想，若非有想非无想""是诸众生若心取相，则为着我、人、众生、寿者，若取法相，即着我、人、众生、寿者。何以故？若取非法相，即着我、人、众生、寿者。是故不应取法，不应取非法。"绕口令式的文句充满了文义的立与破，即使反复阅读，也非常不容易理解。

然而奇怪的是，在抄写的过程中，很多不明白的句子，慢慢就理解了。这样

书写是深度的阅读。（陈勇佑摄影）

的情形，在我临摹《书谱》、《十七帖》这类的书法经典的时候，也时有发生。

这种缓慢而重复的阅读经验，对逐渐把浏览当作阅读的现代人来说，正是矫正对文字过于草率的良方。

许多信息如新闻，是可以“知道”就够了，不必深入思考，然而诸多含意深广的文字，例如，经典与诗词，只有在缓慢而重复的阅读中，才可能产生理解与体会。这种深度的理解能力，反映在工作、生活、才能各方面，就是更为宽广的智慧与能力。

因此，缓慢、重复临摹字帖，正是一种深刻的阅读。当我们临摹苏东坡自己写的《赤壁赋》时可以获得的理解深度，绝非阅读印刷字体可以相提并论。

五

安静写字 调和身心

练气功的人，在一定程度的练习之后，大概都会感受到气在体内流转的玄妙，一般来说，这称之为“气功态”；同样的，写书法的人，进入书写的状态时，也会出现一种我所谓的“书法态”。

一般总以为写书法可以修心养性，我却觉得，要先修心养性才能把书法写好。如果不能心跳正常、呼吸平稳、手指稳定，根本不可能写好书法，不能写好书法又要硬写，难免写得心浮气躁，越写越糟，越写越糟就越心浮气躁，根本不可能修心养性。

古人常常说，写字之前要先摒除杂念、调和气息，思考文字的意境，想象提笔写字时的状态，当身心都进入和谐的状态时，才开始蘸墨写字。

这样的一个过程，是写字的准备过程，也正是修心养性的过程。

而一旦进入“书法态”，这个时候写字所反映的，就几乎是整个人的内心状态。一个人的个性、性格、情志、修养，一时的情绪、心境，甚至内心的愉悦与焦虑、悲伤与快乐，都会在笔下流露出来。

这种内心世界的流露，正是一个人潜在情绪、思想的流动，也可以说是一个人内心的独白。

现代人生活忙碌，很少人有难得安静独处的时候，因而难免思绪杂乱、情绪容易受到波动，安静写字正是调和身心、归纳情感、条理理智、简约心绪的不二法门，从这个角度来看，在一笔一画之中流露内心的幽微变化，也就没有那么神秘了。

写毛笔字到底要不要悬腕一直是许多人的困扰。（于海婴摄影）

悬腕写字

一

台静农传奇

1988年左右，我认识了当时八十六高龄的台静农先生。台先生曾经长期担任台大中文系主任，台湾许多著名的学者作家，都出自台先生门下。如果说他是当时台湾辈分最高的文化人，大概不会有人有意见。

由于辈分高，所以大家都尊称他为台老。

台老那一辈的文人，不只学问扎实，写诗、书法、绘画、刻印好像都是同时具备的能力。他们交友广泛，诗人、学者和书画家经常一起聚会，品茗饮酒、看字读画、聊聊掌故、谈谈是非，有机会参与这样的聚会，可以学到许多东西。

台老也是当时知名度最高的书法家，他那一手倪元璐风格的书法，面貌独特，广受推崇。

台老写字不择纸、墨，但对用笔非常讲究。台老书法笔力强劲、结构倚侧，笔画转折多变，对毛笔需要很高的驾驭能力。一般来说，这样的笔路，狼毫笔是比较容易掌握的，然而台老偏偏用的是特长锋羊毫。

林文月是台老最钟爱的弟子，写过好多有关台老的文章，台老生前最得意的书法，大都送给了林教授。林教授每次到日本，总会去“温恭堂”帮台老买毛笔，因为台老偏好用温恭堂的“一扫千军”写大字，“长锋快剑”写小字。温恭堂的老板听说用笔者是台湾名家，“每回都亲自代为物色精上之品，且用特制小梳，细心一一为之梳开羊毫毛笔，至自己满意为止”。用笔用到只用一种笔，这种讲究，可不是一般的讲究了。

大概也是因为这样，台湾许多书法家喜欢用长锋羊毫写字。

用长锋羊毫写字不容易，因此能用长锋羊毫写字，通常也意味着书法功力高人一等。

然而太过强调的结果，也容易变得唬人。

用长锋羊毫写字虽然不容易，然而最重要的是用适当的笔写适当的字。

以前江兆申老师就不只说过一次，台老用的毛笔他用不来。台静农和江兆申是当代书坛的泰山北斗，尤其江老师兼擅各种字体，几乎无一不能，独独对台老的工具敬而远之，可见那完全是习惯问题。

江老师写字的笔其实也有长锋羊毫，他常常用“玉川堂”的长锋羊毫写石鼓文，转折灵活、笔画浑厚，一点也没有“用不来”的问题。

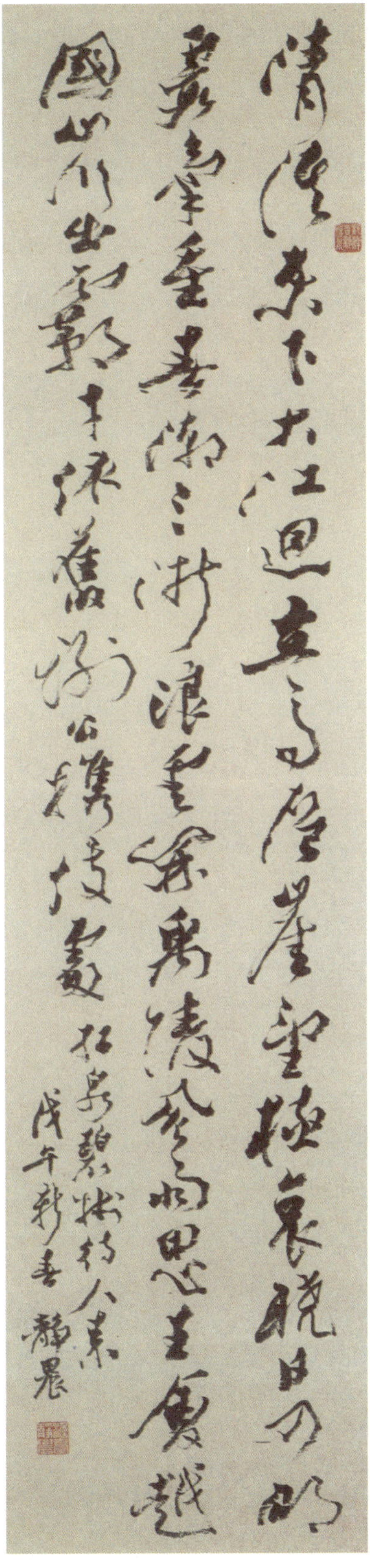

台静农先生书法。

二

写毛笔字到底要不要悬腕

毛笔用羊毫非常早，但明朝末年以前，古人写字一般以狼毫居多，用羊毫写字比较著名的是北宋黄山谷。黄山谷写字的方法是双钩执笔、悬腕，这和他的字体比较大、笔画比较长有很大的关系。

写毛笔字到底要不要悬腕一直是许多人的困扰，有的书法老师认为，悬腕写字才是书法的正宗方法，因此坚持学生从一开始就要悬腕写字。

二十世纪五十年代的人是经历过学校要求写书法的一代，大概都有悬腕的痛苦经验。毛笔是软的，用软毛写字仅是保持稳定就已经很不容易了，悬腕写字更是难上加难，没有经过一定的训练，根本不太可能做到。

我念书的时候写书法，也饱受悬腕所苦，心中想的，都是古人干吗发明这种奇怪的写字方法？仅是执笔的方式就很困难，不但毛笔拿不稳，五根手指更不知如何摆放，再加上悬腕，那简直像普通人去高空踩钢索那么困难。

大学时期真正拜师学书法后，便想要把执笔与悬腕的问题搞清楚。

当时听说清朝包世臣的《艺舟双楫》很有名，是非常重要的书法论文集，于是去找了一本，打算用恭敬的心去仔细研读。

包世臣对书法很用心，始终虚心求教，《艺舟双楫》中记载了他到处向人请教笔法的记录，问题是，几乎所有人说的方法都不一样。方法虽然不一样，但他们的态度倒是挺雷同的——我就是这样写字的，听我的没错。

后来《艺舟双楫》也总结了包世臣自己的用笔之法，而且叙述得非常详细，从如何拿笔到每一根手指如何用力，都讲得非常详细。

《艺舟双楫》名气太大，连有“康圣人”之称的康有为，后来写的书论都叫《广艺舟双辑》，可见影响之大。

但名气再大碰到我也没用，我记得当时看到包世臣在书中详细叙述如何用每一根手指的方法（原文很深奥，就不引用了）时，我看得简直火冒三丈，把书一丢，呼呼大睡了。

三

人体的自动力学工程

为什么呢？因为我当时虽然才刚刚开始学书法，但以自己有限的经验，却已经知道写字的时候如何使用力道，根本是一种“人体的自动力学工程”。换句话说，写字如日常生活中其他的活动一样，你走路就走路，坐下就坐下，只要心念起动，身体的所有肌肉、神经就会自动协调，然后在“不知不觉”中完成走路、坐下等等的动作。

写字的时候，你专注的是如何把字写好这件事，而不是去记得你要写什么笔画的时候，要用哪一根手指的力量去推、拉、拓、擫等等。包世臣分析得那么细，我觉得根本就是胡说八道。

当然写毛笔字是一定要有方法的，从拿毛笔的方法到写字的方法，都一定要讲究，否则会事倍功半。

什么是“正确”的方法？当时我的书法老师没说，所以只能自己观察老师写字的方式，然后去古人的书中找答案。

小时候老师教书法最喜欢讲柳公权的故事，因为他说过“心正则笔正”，这话连皇帝听了都肃然起敬，更何况是我们？

写字的运动方式过程有如人体的自动力学工程。（陈勇佑摄影）

所以老师说，“心正则笔正”，你们写字的时候，笔一定要拿正，不然就会变成一个心术不正的人，要当正人君子，首先写字要把笔拿正，要把笔杆对准自己的鼻子写字。

以上的逻辑推理不知从何而来，但似乎很多老师都这么教。可是，我每次把笔杆对着鼻子写字的时候就觉得荒唐，因为笔杆对着鼻子以后就根本看不到自己的字，结果，这样写字的同学都得歪着头写字，头都歪了，人怎么正的了呢？

唐朝楷书是大家学书法的必经入门功课，但唐朝楷书的规矩也特别多，光是拿笔的方式就整死人。可是，当时学校老师会书法的没几个，就算有，我也没遇到过，所以，只好继续自己找答案。

四

苏东坡的启发

我最喜欢的书法家之一是苏东坡，他的字不是很秀丽，但很有味道，而且他在“北宋四家”——苏东坡、黄山谷、米芾、蔡襄中排名第一。苏东坡既然是第一名，一定有他的道理。

然而，苏东坡说到写字的方法，竟然是“吾书意造本无法”，原来，他根本就否定了唐人楷书的诸多规矩。

后来书读多了，才知道苏东坡写字的方法，是单勾（像拿圆珠笔）、枕腕（像拿圆珠笔）、斜管（还是像拿圆珠笔）。这下我简直惊喜得快要抓狂了，原来老苏写字方法和我一样？哦，应该说，原来我写字的方法和苏东坡一样！

我把这个让人惊喜无比的大发现拿去问老师，老师的回答让人很泄气：“苏东坡是苏东坡，他是天才，天才哪里是学得来的？去，乖乖把你的笔杆对着鼻子练书法。”

老师的回答很权威，但我并不满意。至少我是这么想的，苏东坡也是人，为什么他可以我不可以？

再后来，我把“北宋四家”写字的方法通通研究过一遍，这才发现，原来这四个人写字的习惯和爱好都不一样，拿笔的方法不一样，喜欢用的毛笔也不一样，写字的姿势和方法也都不一样。

这个“通通不一样”的发现，为我写字的乐趣打开了一扇大门。以前虽然喜欢练书法，但却被书法的诸多规矩所苦，而每位大书法家写字的方法都不一样，就意味着写书法可以不要有那么多规矩，写起来自己快乐多了。

但尽管如此，我还是不断在寻找写字最好的方法。因此，当我看到书上记载，我非常喜欢的文徵明在八十几岁的时候写小楷还是悬腕的时候，就下定决心要把悬腕练起来。

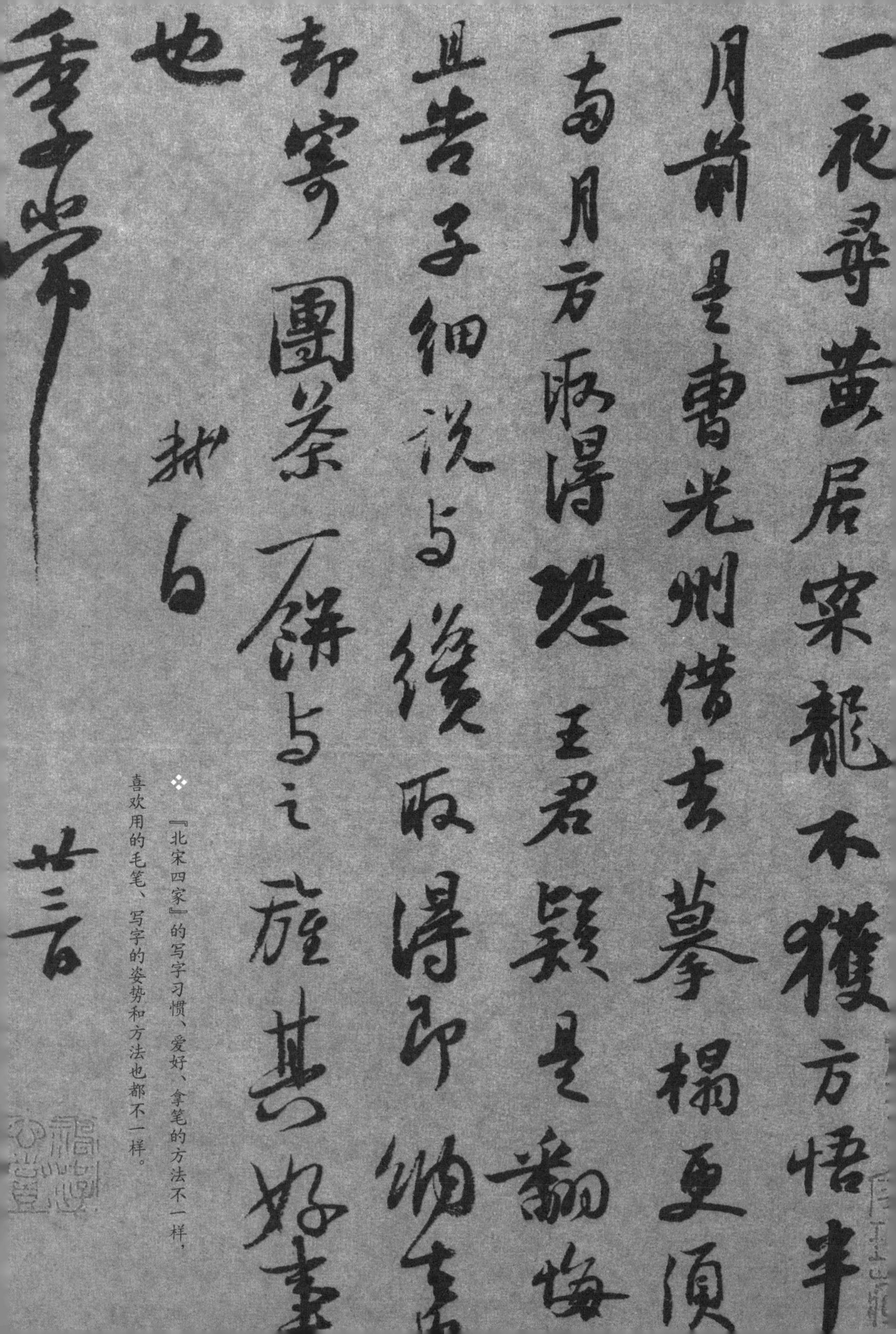

❖

『北宋四家』的写字习惯、爱好、拿笔的方法不一样，喜欢用的毛笔、写字的姿势和方法也都不一样。

五

悬腕要怎么练

书法史中谈到悬腕写字的部分不少，大都强调悬腕才能把全身的力气送到笔端，才能写好字。看起来悬腕是书法家必备的绝技，所以非练不可，但是，翻遍古书，却很少讲到悬腕要怎么练。

古人悬腕的功夫是很厉害的，赵孟頫、文徵明、米芾都有在船上写的字流传下来，完全看不出来写字的时候受到船的摇荡影响。要做到这样的程度，只有悬腕写字才有可能，甚至要像晋朝人那样，左手执纸，右手执笔，双手悬空而写。但是这个功夫太厉害，学生时代自认不可能学会，所以就从右手悬腕开始练起。

后来好不容易找到一段米芾练悬腕的记录。米芾的书法技巧公认是“北宋四家”最繁复、最厉害的。他自己说是利用感觉袖子垂坠在桌子上的力量去保持悬腕时手的稳定，所以，我就去找了条丝巾，每次练字的时候挂在右手手腕，用丝巾垂坠在桌子上的力道来悬腕。说来奇妙，虽然丝巾垂坠只有一点点感觉，但确实比空手悬腕容易控制许多。

这样练了几个月，悬腕写字对我来说，已经是平常的事了，但要像文徵明那样写小楷也悬腕，还是不可能，因此这个悬腕写小楷的功夫也就一直没有放下，

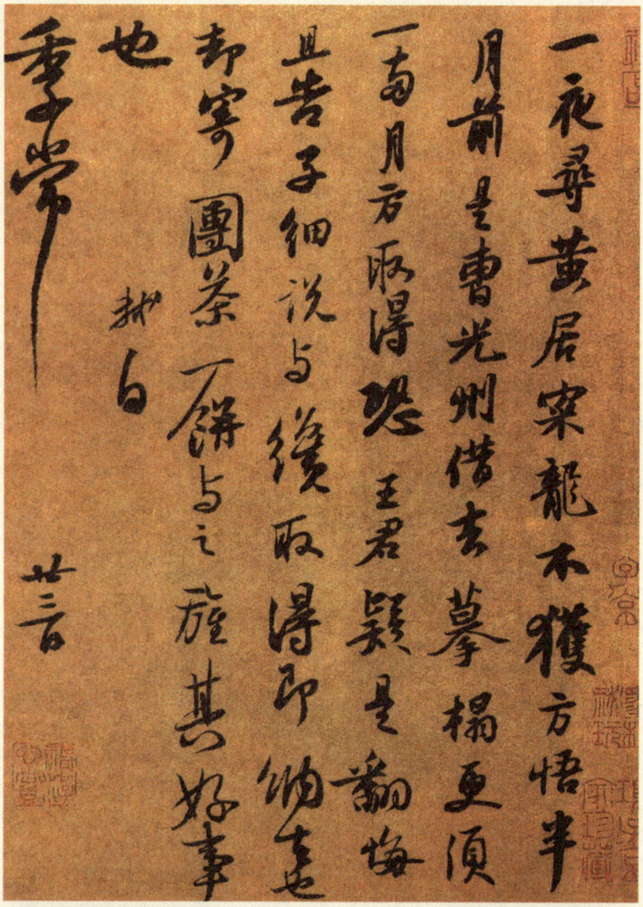

苏东坡书法。

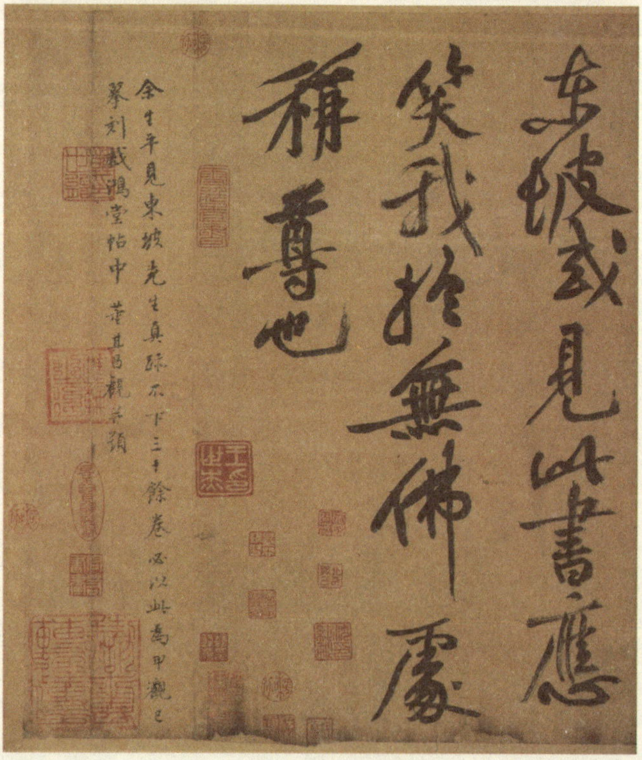

黄山谷书法。

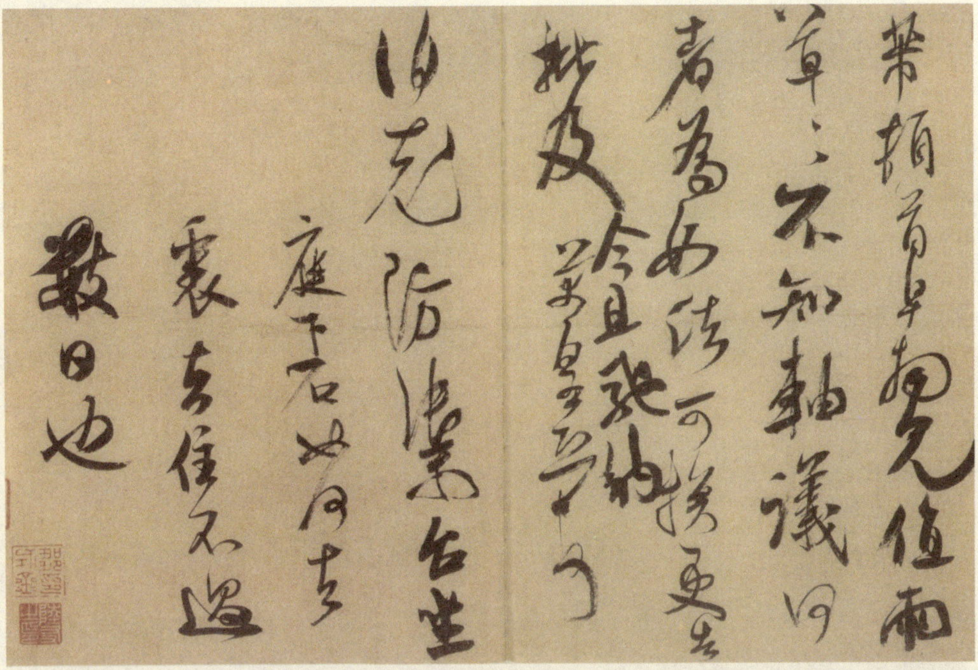

米芾书法。

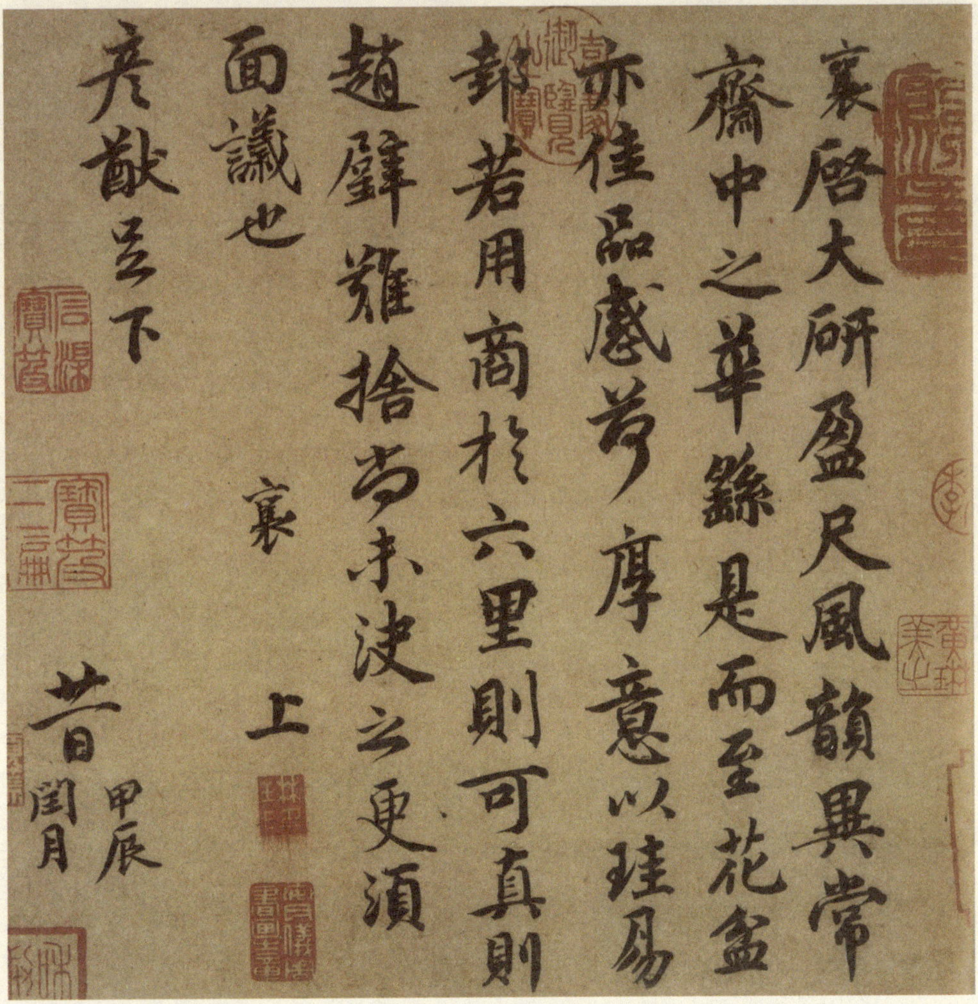

蔡襄书法。

一直到退伍后到台北工作，好几年过去，我还是每天像蹲马步一样，悬腕写小楷。

直到有一天，台老问我写字悬不悬腕。

我说，悬腕啊。您呢？

“您呢？”是顺口问的，台老是大书法家，想必写字一定悬腕，这还用说吗？

没想到，台老叹了一口气，说，我现在都不悬腕啰！老啦，台老说，现在能写字就不错了，悬腕是没办法啰！

哇，不会吧？当今第一书法家写字不悬腕，那书上说的不都骗人吗？我心中想，那我干吗还辛苦练悬腕？

说来也怪，那时要我刻意不悬腕，反而觉得不顺畅，所以，我从此之后写字完全看情形，有时悬腕有时不悬腕，看精神状况，也看字的大小。

其实就好像我现在常常跟学生说的，悬腕不容易，字容易抖，但抖久了就不抖了。写毛笔字需要很高明的技术，所以需要训练，需要正确的方法，但如果训练和方法讲求过度，反而会有伤害。

包世臣一辈子追求书法的技术和理论，但追求得过度琐碎，所以陷入许多自我矛盾的方法之中，当然也不可能写出多么高明的字。

所以，我认为，现代人初学者就不应该悬腕，而应该先了解笔画的力道应用，以及手、笔之间如何协调，等到功夫深了，手稳定了，很自然就会自动悬腕。苏东坡说“吾书意造本无法”的“本无法”，应该解释为“本来就没有一成不变的方法”，因此，把字写好最重要，悬不悬腕，就不必强求。

再说，现代人喜欢练书法就不容易了，其实枕腕也没什么问题，人家苏东坡可以，我们应该也可以，是吧？

❖ 左手拿纸，右手执笔，悬腕写字。（许映钧摄影）

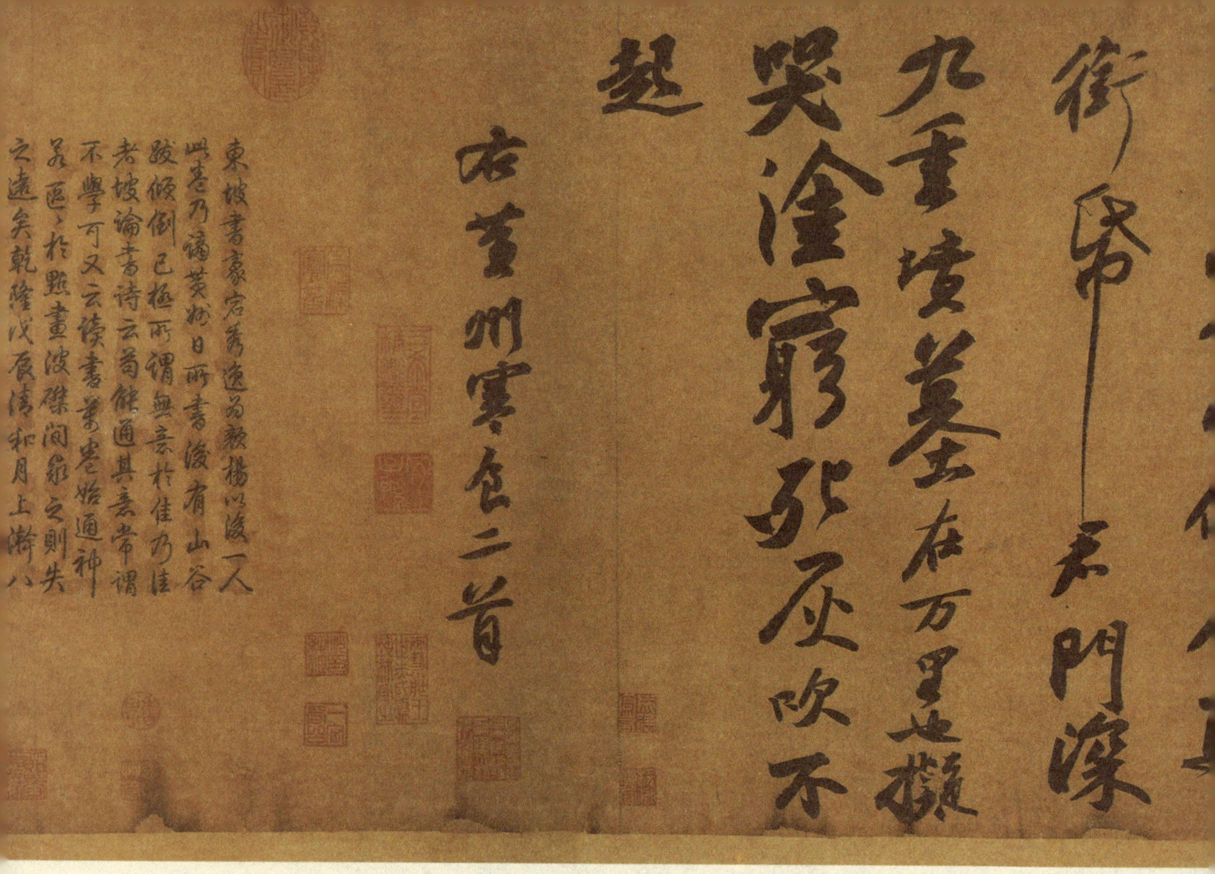

书法与技法

一

心灵手巧与艺术家

一般大概都认为，书画家必然心灵手巧，所以可以创造出美丽感人的艺术。

尤其手是否灵巧，最常常被用来认定有没有天分。

也确实，历史上有的书法家是手巧的，比如王羲之、赵孟頫等人。他们的天分首先就表现手的灵活上，他们那种灵巧、精致的笔法，一般人即使苦练，也很难练出来。

然而王羲之、赵孟頫这样的天才千百年来也不过出过这么一两位，其他的书法家，以我看就不见得都是手巧的。

如颜真卿、柳公权，这两位唐楷大师，我就不觉得他们的手很巧，仔细分析他们的笔法，并没有太多的细微的变化和精巧。颜真卿的书法以雄浑见长，但他笔法却甚单调和公式化，比起欧阳询，技巧可以说逊色太多；柳公权的楷书比较秀气，笔法也漂亮一些，但前两年北京故宫出版柳公权写的《兰亭诗》，其笔法之凌乱，让人大吃一惊。

名列“北宋四家”之首的苏东坡，大概是四人当中手最不巧的，苏东坡写字习惯是“单钩、斜管、枕腕”，不太符合一般认为的写书法要双钩、悬腕。他的

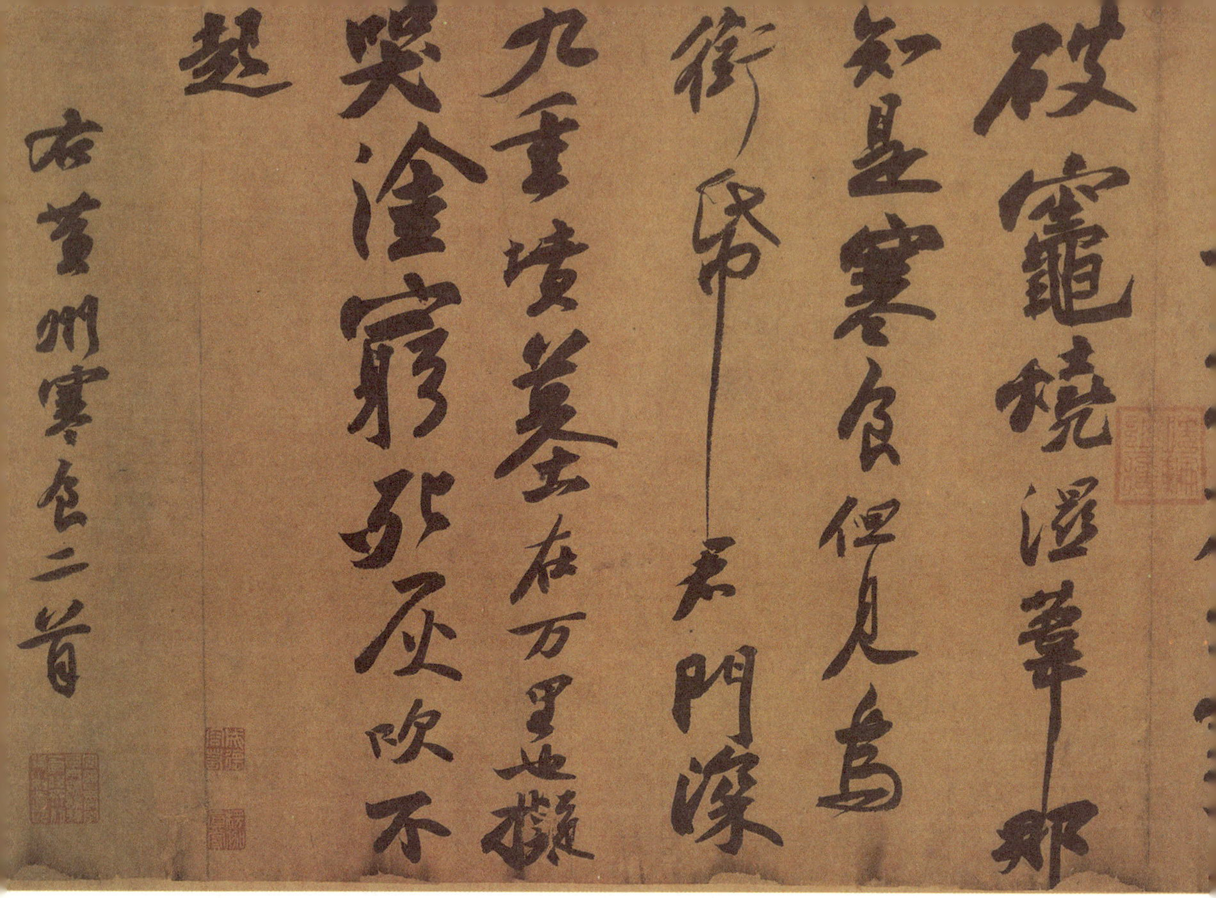

苏东坡的书法似拙实巧

字也重而拙，而且有明显的缺点。而主张写字要双钩、悬腕，擅长草书的黄山谷，其实用笔也不精巧，他的笔法以字形结构取胜，然而笔法总是直来直往，就像他的号，很“鲁直”，黄山谷的技巧比米芾、蔡襄都差多了。

清朝的金农则更是手拙到不行，他那一手风格独特的“金农体”，刻板到像木刻字体，几乎没有什么正统书法上的笔法可言。

然而事实证明，这些书法家的手拙，并不妨碍他们成为一代名家或大家。

二

以拙为美

书法史上最大的美学反扑，应该是清朝时期魏碑的兴起，当时的许多书法史学论述甚至认为，魏碑的美，比千百年来的书法主流“二王体系”还厉害。而魏碑却是由一些不知名的民间工匠刻写出来的，技法拙劣、字形歪斜，而且错字连篇。虽然说魏碑的兴起有其特殊的时代原因，清朝人也有些过度推崇，无论美学特色或因之而起的书法理论都很有商榷的余地；然而，不论如何魏碑确实有一种很抢眼的特色。

相反，历史上也有一些手极巧、书写技术高明的书法家，虽然红极一时，但却很快被人遗忘，例如明朝的解缙。解缙的草书流畅到极点，没有高明的书写技术是办不到的，加上他是明朝第一位内阁首辅（等于宰相），所以求字的人很多，连外国使节到中国来，都要想尽办法，以昂贵价钱买到解缙的书法带回本国，然而，解缙的影响却非常有限。

所以说，手巧的书法家并不一定占便宜，而手拙的人也可以写出很厉害的书法。

因此，我常常告诉想要学书法却担心自己没有天分的人：写书法不需要天分，只要努力，发挥自己的特质，一样可以写出很有味道的毛笔字。

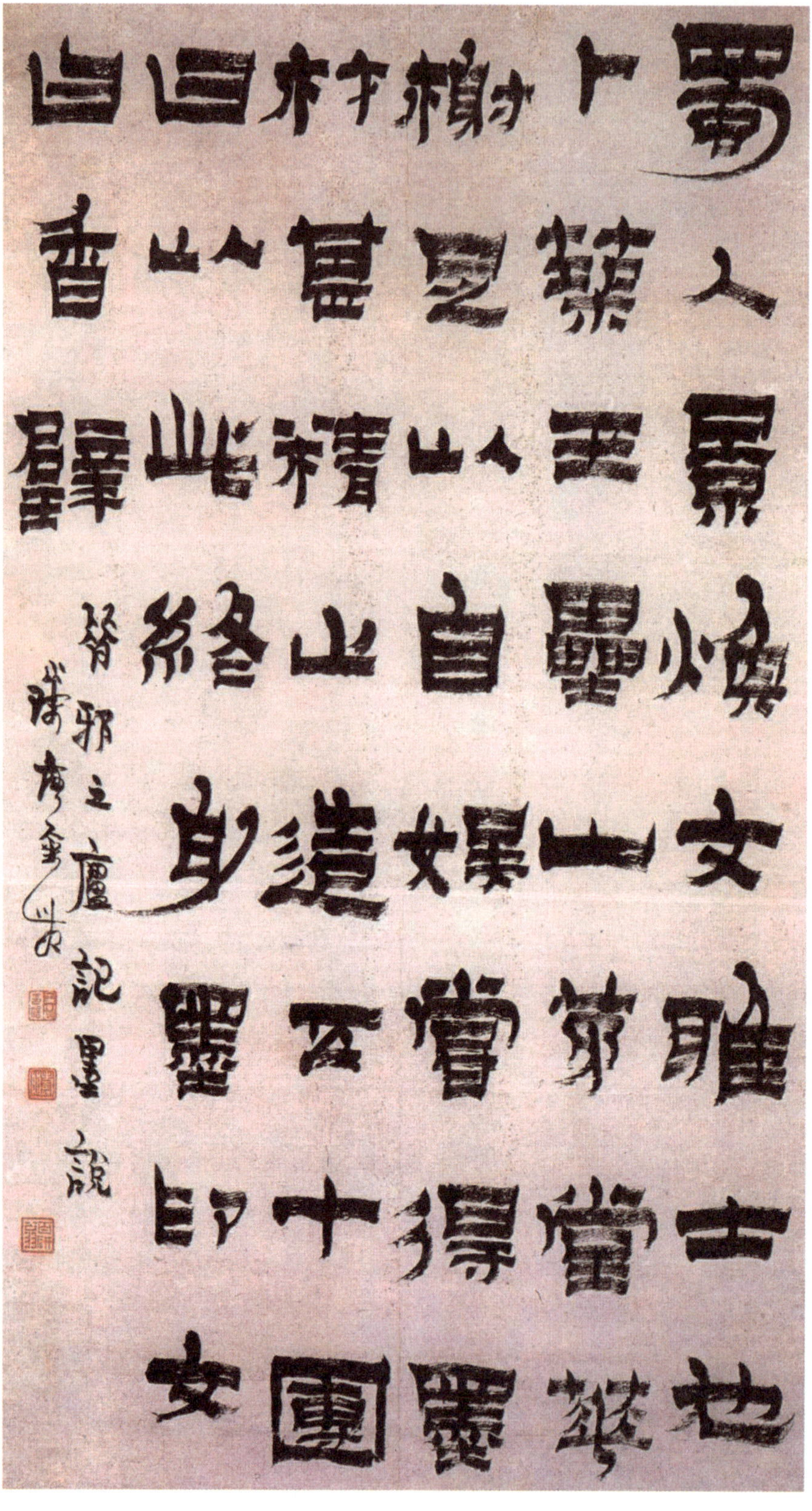

金农的书法拙到极点。

更何况，人总是对自己有天分的东西才会感兴趣，自己做不来的，不能理解的东西，往往很难引起太多的关注。所以兴趣就是天分所在。

每个人的天分不一样，这也是书法（包括其他艺术）可贵的地方。如果书法只有天才才创造得出来，那么王羲之之后就不必再有第二个书法家了，但整个书法史也就不会那么繁盛多变了。

写书法不一定要有天分，写出风格也不一定需要高明的技巧，但这并不是说写字可以随便乱来。

例如，很多人说弘一大师的字没有技巧，所以学弘一的字很容易，这是很大的误解。

弘一大师的字其实是技巧上、人格上已经达到返璞归真的境界。他的书法没有棱角、没有漂亮的结构、没有强烈的转折，甚至没有所谓的起承转合的各种笔法，但那是收敛了所有的技巧之后的呈现，正是佛法修养、人格品性融入笔墨的最高境界。

把繁复的技法化为无形，那可是不得了的技法。

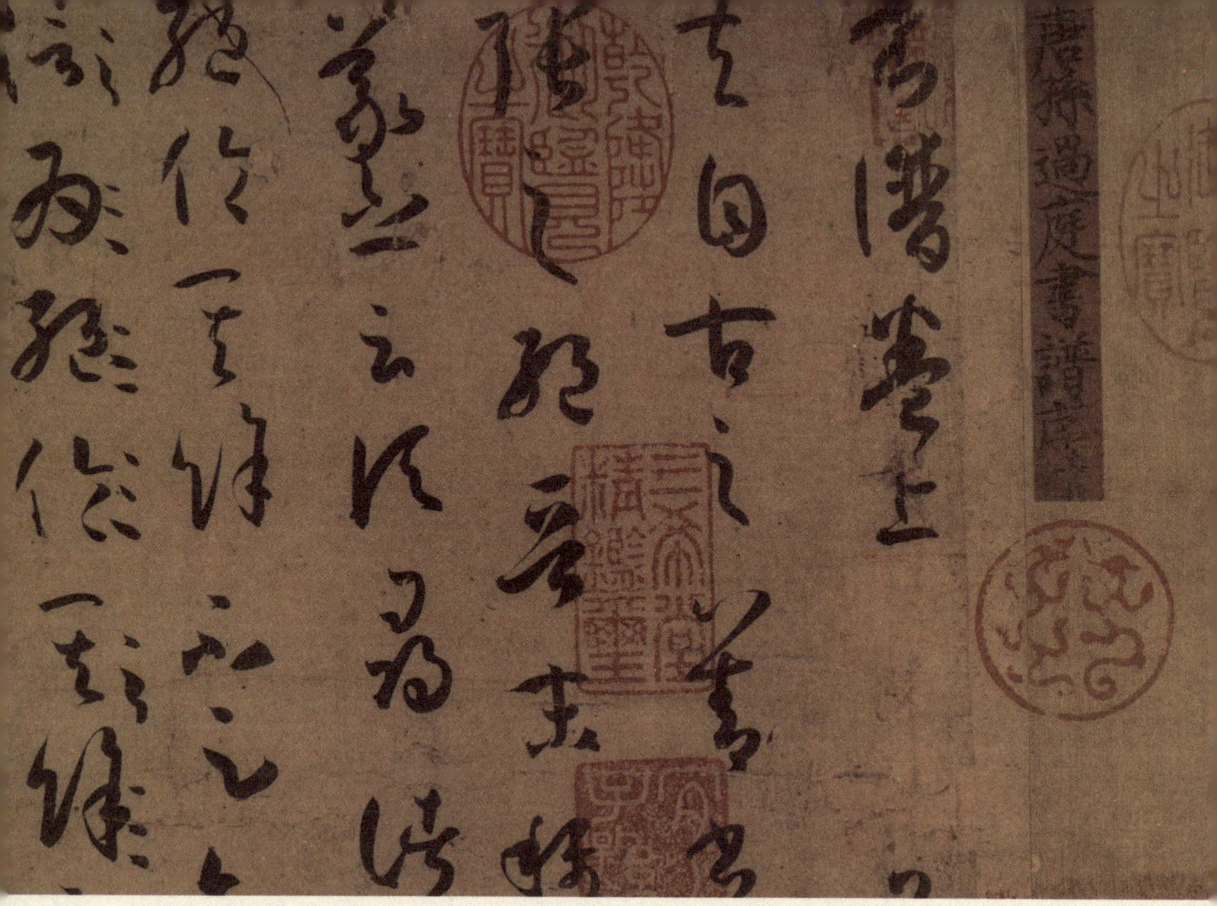

书法的理性与感性

一

《书谱》的寂寞与繁华

2011年初冬，在参观了几次台北“故宫”展出的《书谱》之后，我再次有了临写《书谱》的兴致。

《书谱》是唐朝中叶书法家孙过庭的作品。孙过庭在世的时候并不出名，当时他官小人微，虽然书法写得非常精湛，但影响很小。

现在社会分工精细，许多艺术家可以凭着本身的修为和成就扬名立万，但古时候并不是这样的——一个书法家如果没有相当的家世和官职，是不容易得到社会重视的，即使名列“北宋四家”的米芾，书名遍天下，连本身是书法天才的皇帝宋徽宗，都要钦点米芾到皇宫来“表演”书法，但米芾也没有因为他的书法成就受到更多的重视。

米芾的名气大，与他与当时文化名流时有往来也有很大关系，孙过庭则相当寂寞，他死后著名诗人陈子昂为他写的墓志铭说：“元常既殁，墨妙不传，君之遗翰，旷代同仙。”这已经算是相当不易了。唐代的《续书评》提到他也不过寥寥。数语，“过庭草书如悬崖绝壑，笔势劲健”，但也总算被记了一笔。倒是他的《书谱》却流传下来，而且对书法的发展产生了极大影响。

書譜卷上

吳郡孫過庭撰

夫自古之善書者漢魏有鍾張之絕

晉末稱二王之妙王

羲之云頃尋諸名書鍾張信為

絕倫其餘不足觀可謂鍾張

信為絕倫其餘不足觀云沒而

其中最主要的原因是，《书谱》虽然不是最早的书法评论，但可能是比较系统性讨论书法理论的著作。整篇文章并不长，只有三千五百字左右，但内容庞大，从书法历史、名家风格、书法美学、书法本质到书法的创作与欣赏，都有“结论式”的论述。

《书谱》的流传和影响，主要是因为他的书法论述，而不是因为孙过庭的书法，因为孙过庭不是很有名，《书谱》墨迹也只有一本，后来虽然有了碑刻，但和墨迹相差太大。二十几年来我对《书谱》的重视，主要还是在它的文字，而不是因为书法。

这几年台北“故宫”连续展出《书谱》，也对《书谱》做了一些科学研究，所以临写《书谱》的兴趣就慢慢培养了起来。

一写之后才发现，以前对《书谱》的书法显然太过轻忽了，这也印证了我常常说的，研究书法光看是没用的，连我自己看《书谱》看了这么长的时间，都没看出《书谱》的厉害，更何况一般人？

二

《自叙帖》自得其乐

相比孙过庭，中唐另一位书法家怀素名气就大得多了。怀素最有名的是草书，而且是狂草，他的名气大到可以和张旭并列。张旭的草书在唐代几乎和神话一样，在杜甫的诗作《饮中八仙歌》里，张旭就名列其中，诗中歌咏张旭“张旭三杯草圣传，脱帽露顶王公前，挥毫落纸如云烟”，也成为后人频频引用来形容书法的名句。

怀素的草书和张旭齐名，有“张颠素狂”之誉，而怀素草书最有名的作品是《自叙帖》。从名称可知，内容是怀素的“夫子自道”。

怀素是个和尚，但却吃肉喝酒，并没有严格遵守出家人的清律，但这些都不及《自叙帖》的内容那么让人惊讶。

《自叙帖》除了简单记载怀素是长沙人，幼而事佛之外，其他内容都是引用当代名人对怀素其人其书的赞美。文中谈到当代名人为怀素写的诗歌多到“动盈卷轴”，各式各样的赞美无所不有。因而可以想象，怀素用最能传达心绪的狂草，来写这些赞美自己的文句时，是多么笔墨激切，再不懂书法的人，都可以从《自叙帖》豪放不拘的笔法中，感受到痛快无比的一个爽字。

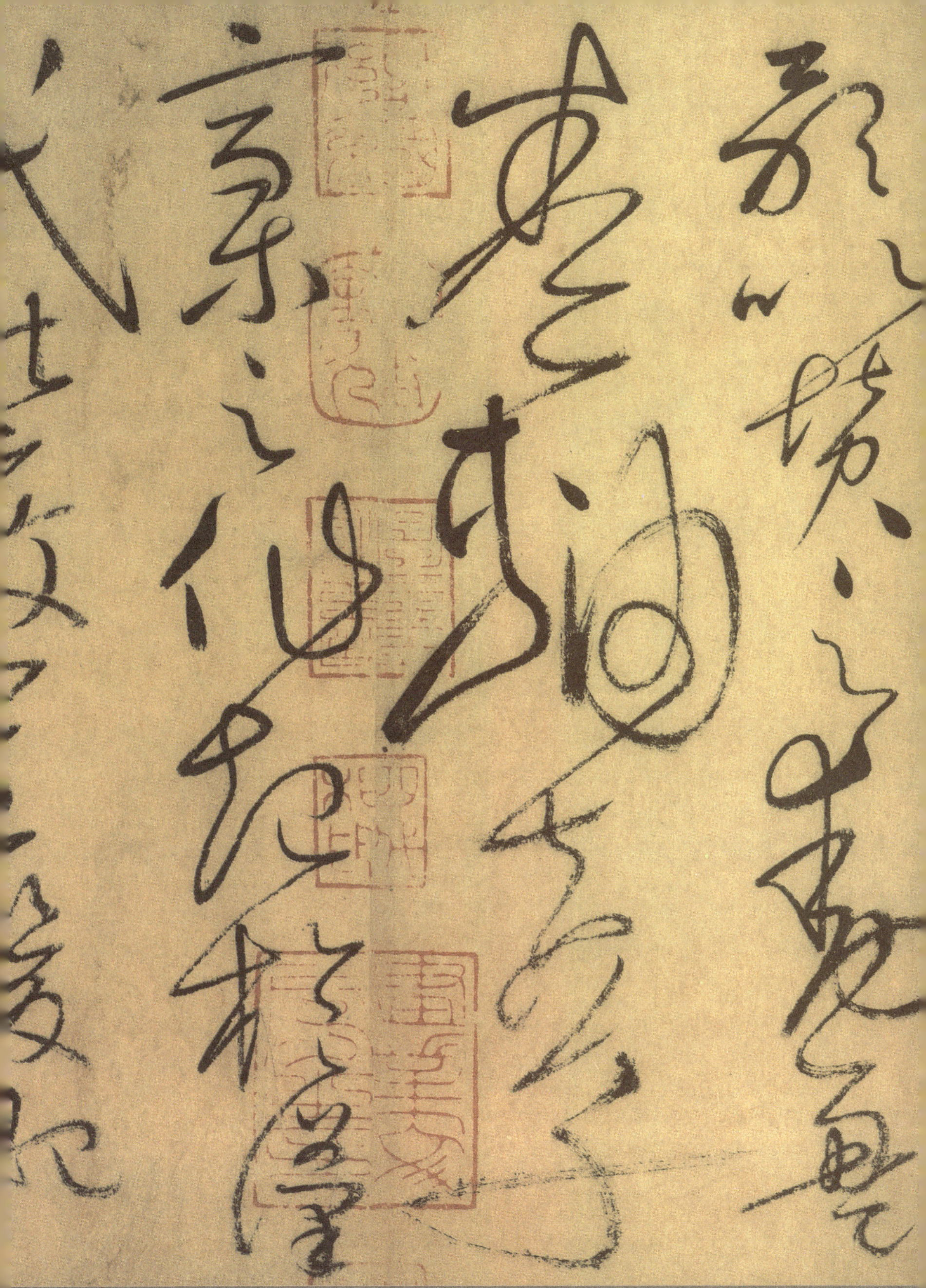

《自叙帖》笔法酣畅淋漓。

三

书法的理性与感性

《书谱》是草书，《自叙帖》也是草书，有趣的是，同样的草书，表现出的却是一个理性，一个感性。

孙过庭的笔法非常精致，点画和结体都很灵活、自然、漂亮，精妙的笔法充满各种优美的线条和节奏，没有高度甚至是精密控制笔墨的能力，不可能达到这样的成就。

怀素的《自叙帖》就完全不同，他的草书豪放不拘，线条的行走和墨韵的变化非常大，字体的大小相差很大，可以说除了精熟的技术之外，主要是书写的情绪在表现书写。

对一般人来说，《自叙帖》的精彩是比较容易欣赏的，因为《自叙帖》的字大，风格变化很容易看得出来，尤其是配合文字的阅读，很容易激发“落笔如云烟”的想象与感受。《书谱》相对就比较不容易欣赏，除了字体比较小之外，《书谱》文字内容多为叙述说理，自然也比较不会引起阅读的感性联结。

但《书谱》是历史上所有草书中，最精微细腻的作品，南宋高宗对《书谱》非常推崇，他的草书成就即来自长年临摹《书谱》，也因为如此，《书谱》才逐渐受到人们重视。

《自叙帖》的魅力一眼即知，不管有没有学过书法，都能够感受怀素书写情怀的酣畅淋漓；要懂得《书谱》的高明，没有一定的书法基础是很难理解的。

对我来说，《书谱》有如草书的圣经，除了高明的书写技术，其文字内容更是揭发了千百年来学习、欣赏书法的所可能碰到的各种问题，而且孙过庭都已经有所分析和解答。如果说，在所有的书法理论中只挑一篇最好的，那无疑就是《书谱》。

总体来说，《自叙帖》是抒情的，《书谱》是说理的，但《自叙帖》也有叙述的部分，《书谱》当然不乏抒情的笔法，两者的成就都前无古人、后无来者。而这样的草书成就，却发生在楷书的理性精神最鼎盛的唐朝，这似乎也是书法的理性与感性必然同时并进的最好说明。

日常生活中的写字

一

偶然欲书

练字是我每天的功课，少则两三小时，多则七八小时。

很多人常常问，像我这样的功力，还需要练字吗?

写字是一种技术，任何技术愈到了高深的程度，愈需要下功夫练习，练习不一定可以有什么突破，但却是保持高峰的唯一方法。

许多演奏大师到了晚年，还是每天练习数小时，道理也是一样的。钢琴大师傅聪过了七十岁，依然每天练习六个小时以上，目的就是要保持技术的精准与灵敏。

对写字的人来说，临帖就是在练“基本功”，功夫越深，可以掌握的稳定度就越高。而书写技术的稳定度高，就是真正的功夫。

明末清初的书法家王铎，终身一天练字一天创作，目的也还是维持基本功夫的稳定。当然，这些大师们的基本功夫和初学者的基本功夫不在同一个层次上。

同样，即使是练习同一个字帖，对行家和初学者而言，其境界也自然不同。

书法非常博大精深，任何一件流传后世的经典作品，都至少包含了书写、文字的双重内容，如果再加上作者所处时代的特殊状况，例如人生阅历的重大事件等等，那么其中可以探讨的东西就异常丰富，绝非一眼两眼就可以了解。

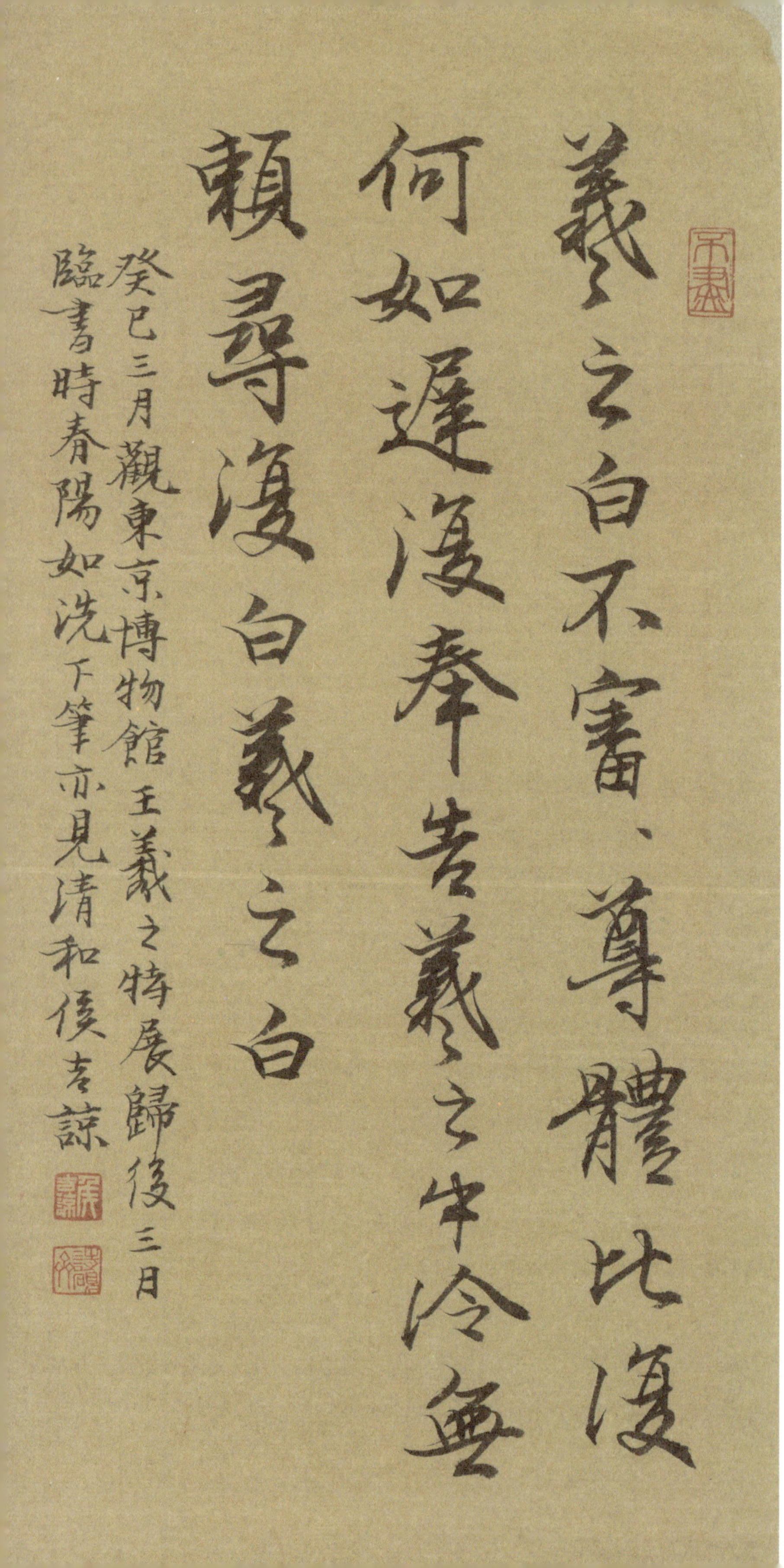

写字俞到高深的程度，俞需要下功夫练习。侯吉谅临王羲之《何如帖》。

我常常要求学生在练到一定的基础之后，再回头练习他们已经练过的字帖，刚刚开始大家难免有所疑惑——不是已经练过了吗？干吗走回头路？

然而，当大家认真地重新练习以前练过的字帖时，一定会发现，自己以为已经很熟悉的字帖竟然还有那么多的细节没有看到。

现代网络科技发达，网络上充斥着庞大的信息，加上太多即时通信软件的影响，人们对语言、文字的敏感度已经降低到最低的程度——浏览，再好的作品，也只是看过就以为会了。

事实当然并非如此。

二

书写的季节

常常有人问我，什么时候会想写书法作品？

我日常生活中用毛笔写字，一是练字，占去最主要的时间；一是写作品，需要天时地利，更需要心血来潮。

除了书课练功，书法是一种抒情的书写，即使写信、做记录，诸多心情也会流露在笔端。

写字需要高度专注，而平常严格的技术训练，可以把心情准确地转换成笔画、结构，所以写作品的时候，很自然地会带出一时一地的心情。即使不刻意经营，心中的意念与手的动作必然是连在一起的：心情欢悦的时候，笔画自然舒缓优雅；心情郁闷的时候，手的动作不免短促而急切，笔画自然散漫零落。有时学生来上课，我一看他们写的字就知道他三天之内的心境如何。

想写字的心情就是一种特别的累积，这样的心情在写作上，或许也可以说是“灵感”，是一种难以捕捉的心绪流动，更是爆发创作潜能的契机。

灵感对任何创作都非常重要，即使是一个技艺达到炉火纯青的大师，如果没有灵感的激发，他的创作也必然只是维持水平而已，不会超过想象的作品出现。

妹至羸情地難遣憂
之可言須旦夕營視之
便大較取轉至如去
不快當由情感如達吾
日疑為尔殊何耳

月至東京觀王羲之持展歸後二日

创作需要高明而有规范的技术训练，然而高明的创作往往要借助一些意外的契机。

对我来说，对文字有所感觉是想写书法的第一个要件。

人对任何事物的理解，往往会有一个特别的时刻可以达到平常没有办法获得的深度，同样的文字，在不同的时候阅读，绝对会有不同的心境。蒋捷的《虞美人 · 听雨》可以说明其中奥妙：

少年听雨歌楼上，红烛昏罗帐。

壮年听雨客舟中，江阔云低，断雁叫西风。

而今听雨僧庐下，鬓已星星也。

悲欢离合总无情，一任阶前、点滴到天明。

三

不同季节、时令的书写心情

其实不只是少年、壮年、老年的差别，即使是白天、黑夜、黎明、黄昏，也可以对写字的心情产生极大的影响。

我有几则书法札记，谈到不同季节、时令的书写心情：

- 寒冬酷冷，宜书秦篆汉隶，以白酒助兴，则时间苍莽之感，皆在笔端流动。
- 盛暑高热，何妨赤膊写狂草，亦有一种酣畅的快意。
- 暮春初温，最宜泥金笺小字行书，抒发空气中流动弥漫的生机。
- 初春乍暖还凉，写字的心情因而变化万千。
- 秋风悲凉，当用老纸书旧作，写一种无可奈何的感伤。

这些笔记的记录顺序当初如此，后来并未按季节的顺序调整，因为我想保留感兴的先后过程，也记录那些关于书写的感觉，绝非只是在文字上做境界的形容修饰。

我还深深记得写下“寒冬酷冷，宜书秦篆汉隶”这第一条心得的心境。

书法需要高度的技术，冬天的时候，因为寒冷，身体难免僵硬，加上衣物厚重，很难自由地伸展手脚。这样的时候写笔画灵活的行草当然是比较困难的，因此在冬

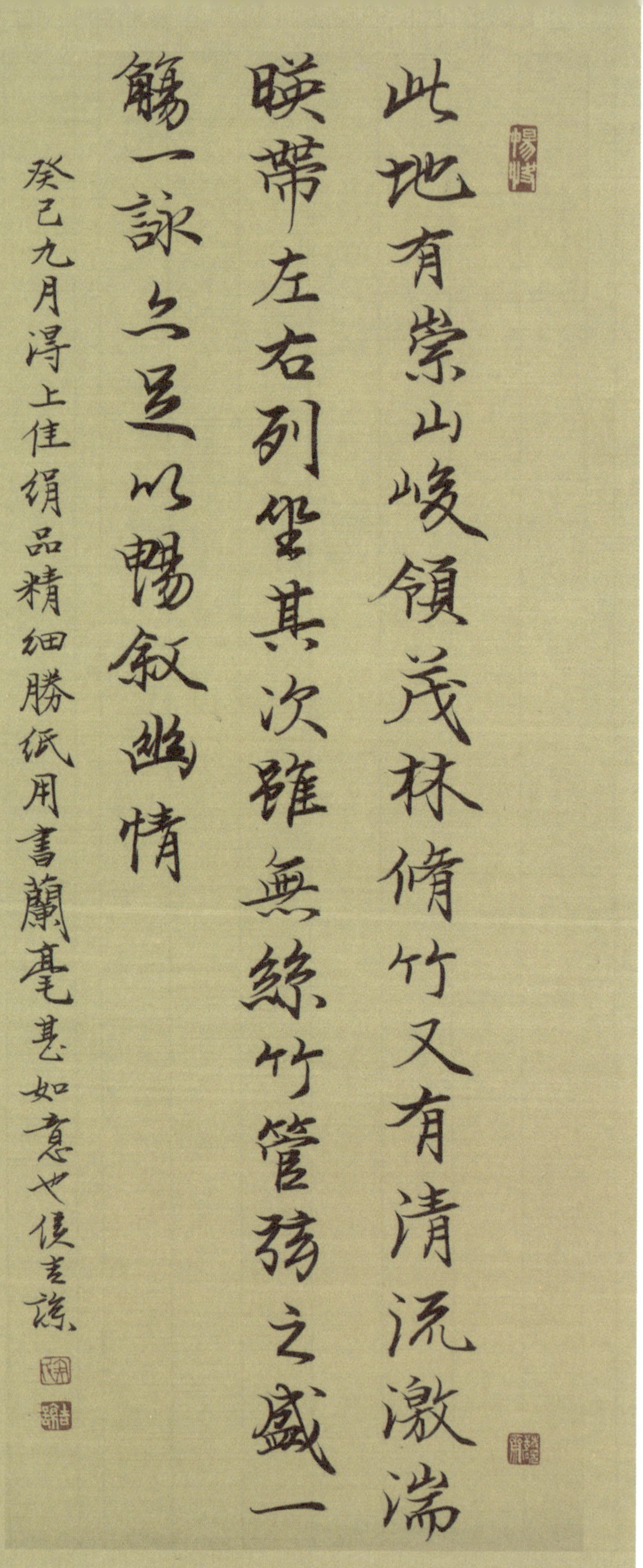
此地有崇山峻領茂林脩竹又有清流激湍
暎帶左右列坐其次雖無絲竹管弦之盛一
觴一詠亦足以暢敘幽情
癸巳九月得上佳絹品精細勝紙用書蘭亭甚如意也侯吉諒

侯吉谅书绢本兰亭序。

天，自然而然地我就会以篆隶作为写字的主要功课。

相对于我们现在所熟悉的楷行草，篆隶字体的风格高古、朴拙而又大气庄严，故而练习篆隶，可以增加笔墨的厚重，使之不会失于轻滑。

篆隶的字体如是古朴，写的又多是两千年前的记载，以往阅读诸多文史的知识、典故，很自然地就融汇到心境之中。秦始皇、刘邦、项羽这些创造历史的英雄人物和事迹，每每在我临写《峄山碑》、《石门颂》的时候，悄悄在脑海中出现。

篆隶的笔画技术相对来说比较简单，结构也并不复杂，是非常容易入手的书体，然而却很难写好。

相对于行、草、楷而言，隶书这个比较朴拙的字体在明末清初被重新发掘和重视的时候，当时大部分的书法家们并不知道如何去看待隶书这样的字体。隶书为什么重要？要如何写才是“好看的隶书”？人们是经过相当长的摸索和实验，才终于找到“解释”隶书之美的理论和方法的

不像楷书的工整、规则，技巧也没有那么严谨、细致，隶书从笔画到结构都呈现一种“尚未定型”的状态，横画、直画都没有一定的角度和规律，有折角的笔画更是充满各式各样的写法；相对于楷书的成熟、规范，隶书似乎有各种可能。

相对于楷书，隶书给人的感觉，就是比较古朴、古拙。

古朴、古拙都是古人没有清楚界定的视觉印象，难免让人难以掌握这两个名词的确切意思和意义。

其实无论古朴还是古拙，就艺术的表现形式和技巧来说，就是相对比较简单。

这样的解释，或许有人会觉得过于简单，却不知简单并不表示容易。在篆隶楷行草五种字体当中，表面上看起来篆书的技术最简单，然而写起来可能最困难。

原因是篆书的笔画，到了小篆的阶段，已经开始固守绝对的水平和垂直，笔画

粗细如计算机画出来的线条般粗细均一，要用人工的方法写到那样绝对，而且每一笔都要如此，那真得憋气写字才能做到。

而隶书这种未定型、充满很多可能的字体，在脱离小篆的工整之后，因为书写者的性情，自然发展出极有特色的各种风格。同样是隶书，《石门颂》有大气磅礴的气象，《礼器碑》则华丽肃穆，《曹全碑》则柔美流畅，展现了书法在发展变化过程中强大的创造力和生命力。

隶书这种书法风格内含的生命力，那种包含各种可能的创造力，是书法发展过程中未曾再现的高峰，是汉字字体发展过程的必然，也是秦汉之际时代气象所决定的内涵。

因而要把篆隶写好，实在说非常困难，在篆隶风格最盛行的清朝，能够掌握篆隶这种内在生命的书法家，也是寥寥无几。

然而就在这样古朴的书写中，“寒冬酷冷，宜书秦篆汉隶，以白酒助兴，则时间苍莽之感，皆在笔端流动”的感觉，清清楚楚地在我心中出现，于是我知道，就是这种体会，或许可以让我的书法向前迈进，达到一个新的境界。

之后，我很自然地开始留意在不同季节的书写体验，并把那种书写的心情，化为笔墨的感觉，从而找到更多的灵感。

四

现场挥毫

一般来说，写字这件事，不管是做笔记、写日记，或练字、写作品，总是在安静的时候发生，有点像是自我的独语或是与自己心灵的对话。

虽然也是写字，现场挥毫则多了表演的性质，和一般写字有很大的不同。

唐朝的张旭、怀素以草书独步古今，他们两个都嗜酒，杜甫在《饮中八仙歌》说张旭是“三杯草圣传，脱帽露顶王公前，挥毫落纸如云烟”；而怀素则常常喜欢在“八月九月天气凉，酒徒词客满高堂”的场合中，“吾师醉后倚绳床，须臾扫尽数千张”，这是李白在《赠怀素草书歌》中，形容怀素的写字风格。一诗圣、一诗仙，歌咏的是一颠草、一狂草，难以想象盛唐时期何以会有如此昌盛的文化景观，有这么多书之不尽的风流人物。

平常上课，写字示范是必需的，一边写字一边说明更不是什么特别难的事，学生看多了也不觉得稀奇，只有偶尔叫他们自己一个一个轮流写给大家看，才会发现竟然抖到不能控制。

可见，现场书写要写出一定的水平，就如同现场演奏一样，需要相当的功力，而表演现场的气氛，也的确对表演者有一定的帮助。用现代的语言来说，是观众期待的能量，灌注到表演者身上，因而激发难得的创作状态，让表演的水平达到平常练习无法达到的高峰。

书法的现场书写大概也是如此，唐朝的许多书法家都有观众围观的书写记录。

台湾近年来颇为流行现场挥毫，观众围观一旁，书法家们拿着扫把大的毛笔在地上扫来扫去，我能够理解观看这样“挥毫”的乐趣，而这样表演写字却又有什么乐趣?

❖ 毛笔、纸镇、笔山、水滴、小水匙、砚台、墨条、字帖、纸张，构成了一个完整的文房用品美学。（于海樱摄影）

书法的生活美学

许多人学书法的原因，除了有兴趣之外，就是因为退休、暂时休业、等待出国、住得很近或刚好有空等等。以上这些学习书法的原因，我称为人生的假目标。

这些人学书法的时机，在我看来，其态度刚好都是错误的。这样学书法，因为出发点不对、态度不对，根本学不到东西。

书法是文化的基因，这是我们在计算机化的时代，必须认识书法的最重要的理由，而写书法，则应该是一种生活的美学。

很多人学书法只学一件事——写字。写字当然很重要，然而书法除了写字之外，还有许多东西也很重要，甚至更重要。

写字之前，要泡笔、整理毛笔、磨墨、准备纸张和字帖。这些过程会影响后面写字的效果。如果笔没泡好、墨没磨好，根本不可能写出墨色饱满、不洇不渗的字，所以要慎重对待这些过程，要一如仪式，这样才可以让一个人进入准备写字的身心状态。

写字之后，要整理写过的纸张，标注日期，记录自己的心得，收拾字帖、墨条，清洗砚台、毛笔，把写字的地方回归干净整齐。

写字所需要的工具——毛笔、纸镇、笔山、水滴、小水匙、砚台、墨条、字帖、纸张，构成了一个完整的文房用品美学。通对使用这些东西的讲究，让人时时刻刻处于一种典雅精致、安静优美的视觉氛围中。

如果再加上音乐、一壶好茶，那么这种“闲来写字喝茶”的情境，就远远不只是练字写书法那样单调，而是生活的美学境界了。

古代文人无论得意或失意，无论在家或出外，总是要在生活中安排一个最重要的地方，来安放他的笔墨纸砚。这样的地方，也许是充满书籍、碑帖、文物收藏的豪华书斋，也许只是一张铺了毛毯可以写字画画的桌子。文人的精神从此安顿、生发，从独善其身的修心养性，到治国平天下的雄心壮志，都是从这样一个文雅的笔墨世界开始酝酿、思索和实践。

现代人写字不再有了“十年寒窗无人问，一举成名天下知”的功利目标，写字反而可以在书房之中、书桌之上，寄托更多的心情。

心情的寄托也要有方法，方法是从敬重、爱惜与书法接触的每一个时刻开始。

写字的时候，毛笔、纸镇、笔山、水滴、砚台、墨条、字帖、纸张都要安置在适当的位置，整齐是基本的要求，而器具的美观也必须讲究。

学生来画室上课，我用的是仿宋汝窑的瓷杯让他们喝茶，茶一定是他们上课前五分钟才泡好的。放置茶杯的茶盘，是像艺术品一样的台湾石制茶盘。潜移默化的结果，有不少学生也开始到处找美丽的文房用品，以及家里用的杯盘。

砚台更是要讲究，一方好的砚台不只是磨墨的用具，更是美感的享受。一个最简单的砚台，长宽比例、厚度尺寸，展现的是一个雕刻者的美学训练，那是累积了上千年的文化素养才能有的特色，一方好的砚台不但可用、可赏，也可感——感受砚台这个特殊的书写用具散发出来的美感。

现代人写字常常为了方便用墨汁，因此许多写字的人竟然是没有砚台的，但说方便其实是随便，用墨汁写字和磨墨写字的感觉根本就天差地别。如果连这种细致的感觉都没有，如何可能写出好字?

写字的人不讲究砚台的美观与否，简直让人难以想象。如果连这些最重要的文房用品都不讲究，他又如何可能从书法之中获得什么美的启示与享受?

学习书法虽然是工作、家庭生活行有余力的事，但也不能在“人生有空”的时候才想要去“接触一下”。否则，一定学不长久，也不可能学得好，换句话说，百分之百都会轻易放弃。

然而必须思考的是，有多少人是这样到处在培养兴趣，但过了一辈子，最后却是一事无成的?

学书法必须把书法的儒雅化入生活，使书法成为生活中的一种美学理念与享受。

学书法不能只学写字的技术，还要学习如何使书法成为生活的一部分，所谓色声香味触法的视觉、听觉、嗅觉、味觉、触觉，以及观念想法，都在书法的润泽当中感受到，而后书法必能成为生活中的美的享受。

为什么要认识书法

一

不懂书法 不了解文化

威权统治时代的“国民党”曾经不让我们认识台湾，“民进党”曾经企图否认台湾的文化根源来自大陆，政治上的混乱，让台湾的民众既不认识台湾更不认识中国。

而台湾的教育是完全西化的殖民教育，加上升学考试的诱因，许多父母迫不及待让还不会说话的小朋友就读双语幼儿园，即使因此造成儿童的语言障碍，竟然也毫无悔意。

种种观念的错误、价值的偏差，都是因为我们对中国传统文化缺少认识，除了美食和电音三太子，台湾好像就没什么值得我们肯定自己的特色。

文化无知、本土意识薄弱，长久以来的台湾缺少了文化深度的认识与自我肯定，这样的台湾，可能会失去什么，或已经失去什么。

我们如何定位自己的文化、认识自己的乡土？

这一切，都要从认识书法开始。

古人向来把书法看作修心养性的有效途径，写字时所需要的专注，以及因为专注所产生的“定静生慧”的实效，也因此成为现代人学习书法的重要原因。

练书法需要正确的方法，方法对了，才能产生潜移默化的功能。正确的写字方法，每一个步骤都前后相关，所以可以养成凡事细心而不马虎的个性。

如果方法不正确，想要修心养性是不可能的。

何况练书法需要大量的时间，也不是每个人可以做到。

二

学练书法不等于懂书法

在现在的台湾社会，认识书法有更重要的原因。

练习书法，至少要包含两件事：一是认识书法，二是学会写书法。

大部分人去学书法，指的都是“学会写书法”这件事，但“学会写书法”很困难，没有一千小时（每日一小时，持续两三年）很难掌握基本的书写技术。许多人学写书法通常无法持续一千小时的练习，因为他们误以为，书法是很简单的事，学个基础就可以自己发挥了。

却不知，书法可能是人类所有“动手”的活动中，技术最困难的，因为毛笔是软的，如何控制毛笔，绝对不是一件容易的事。控制毛笔有多难？金庸在《倚天屠龙记》中有精彩的描写：“（张无忌）这日无事，想起父亲外号‘银钩铁划’，于是拿了一本碑帖，习练书法，盼能传承父志。岂知毛笔在手，笔毛柔软，虽运起九阳神功加乾坤大挪移手法，也难以操控。”

在金庸小说中，九阳神功是天下至刚的气功，乾坤大挪移手法是天下至巧的武功，而张无忌还身兼天下至柔的太极拳，有了至刚、至巧、至柔的功夫，却依然无法控制毛笔，可见写书法之难，超乎常人的想象。

也难怪很多人在还学不到如何正确使用毛笔时，就已经放弃了。

更可惜的是，大部分的人学书法。只学写，而没学认识书法。

要学书法，就得先认识书法，这些书法史的常识或知识，可以不必找老师学，自己读书就可以了。如果没有这些常识就去学写书法，难免会发生很多错误。然而大部分学书法的人，并没有学“认识书法”，教书法的人通常也不教“认识书法”这件事，或者没要求学生要去“认识书法”。结果，花了很多时间去学写字，但可能对书法还是完全没有常识。

“认识书法”是指一般性的书法知识，包括书法史、名家风格、各种字体以及书法美学。

但是，“认识书法”要读对书。许多谈书法美学的书，除了形容词一大堆，就是说故事和感性的解释，这类书读再多，也不会懂书法。

学习任何东西，最有效的方法就是系统性阅读。市面上有很多书法史的书，内容大同小异，但这才是了解书法的正道。找一本文字叙述清晰、图片丰富的书法史，花几天时间好好读几遍，应该就可以具备基本的知识了。

但书法史不容易读，尤其是秦汉以前的书法发展史，对不熟悉的读者来说，可能会很枯涩，甚至不知所云。因为太古老的文字不容易辨认，认知，所以很多人在读书法史的时候，往往在先秦书法这里就停住了，从此书法史就被置之高阁。

读书法史，从唐宋开始是比较理想的，因为唐宋的书法名家风格是大家比较熟悉的，名字也是大家都知道的。熟悉是学习的重要基础，从唐宋开始，就很容易把原本生硬的书法史读下去。

教动手而不教欣赏这种情形，在学校的美术、音乐教育中也屡见不鲜。一般的美术、音乐老师总是教如何画画、唱歌或很深的乐理，而不教美术、音乐的常识，以及如何欣赏的方法。结果，上了美术课反而因此不喜欢美术，上了音乐课而讨厌音乐。

在初级的课程中，学习常识才是正确的。学习书法也是这样。不动手写字，很难了解书法，但只动手写字而不读和书法有关的书籍，更不会懂书法。

书法建立在文字的基础上，可以说是文化的基因，不懂书法，就等于对自己的文化不了解。台湾的学校教育几乎全盘西化，所以很多观念、价值观都被西方同化，完全不知道自己的文化中有很多重要的东西，例如，中医的医药、道法自然的哲学、天人合一的价值观，更值得我们去认识和追求。

汉字的字形、字义本身就有太多的学问和天机。汉字的发明、演变，包藏了古人最高明的智慧，这些高明的智慧，比起西方的科学，非但不逊色，而且更为深广。不知道书法的基本常识，作为一个华人，不管身在任何社会都没有根。

台湾这些年的文化创意产业之苍白、枯涩、萎缩，反映的就是不重视自己的文化、文化人和文化创作的结果。

台湾的学生从小到大学英语，不知要花数百、数千小时，但可能一点用都没有。而认识书法的基本知识只要几个小时，却很少人愿意这样做。

作为一个现代人，书法不一定要会写，但一定要认识。

有了书法的基本认识，从此对汉字就会有完全不同的感受，才会深入认识在汉字基础上的博大精深的中华文化。

第三篇

修书，问道

修书问道

一

写信求教 修书问道

一般人在了解我的创作学习过程之后，大都会觉得我非常幸运，因为，我从学生时代开始，十八九岁的年纪，就陆续受到王淮、余光中、洛夫、台静农、江兆申这些大师级师长的指点，无论思想、文学、书画，都直接受益于大师们的教诲。

我出生在一个普通的家庭，没有任何文艺的背景，没有什么志同道合的文艺之友，更没有任何可以介绍我和这些大师们接触的长者，我又如何可能在我还没读大学之前，就陆续得到这些大师们的教导呢?

除了王淮老师是中兴大学的中文系教授，我是直接去旁听他的课，因而有了进一步接触的机会，其他几位老师，在当时的我眼中，都是“传说中的人物”，我只能在报纸、杂志上阅读他们的作品，崇仰他们的成就，从来不敢想象我可以跟随他们学习。

以前的信息并不发达，不像现在有因特网，任何人想要什么数据，在谷歌上搜索一下，很快就有答案。

但在长期的阅读和关注中，我慢慢知道这几位大师们的工作地点，因此唯一可以与他们取得联系的方法，就是写信。

二

写信的规矩与讲究

写信给自己所景仰的大师，是非常紧张的，不但要打草稿，还要练习写字，信的文字要干净清楚、诚恳热情、工整慎重，还要去查“应用文写作格式”，搞清楚如何称呼对方，是直接称先生吗？还是要写老师？要写“文席座次”比较文雅，还是“收信平安”比较亲切？信末要如何结语，要如何问候，是“时祺”好呢，还是“秋安”适当？

信末自己的署名，要写学生、晚辈或后学，都是有讲究的。你不能一开始就说自己是学生，也不能在师长有所指教之后，还自称晚辈，因为彼此的身份关系究竟定位何处，非常重要。古人有很隆重的拜师礼，正是因为“师徒关系”是彼此之间非常重要的承诺，如果称对方为老师，那么写信的遣词用句，就必须谨守学生的分寸，不可有丝毫逾越。

另外是写信的格式，每一行段落的起头，到底要空一格还是两格，信中碰到要称呼对方的时候，是另起一行，像古文那样讲究，还是就直接写“您”比较亲切？这种种细节我都非常慎重地去搞清楚。

不只是信的格式要讲究，就连信封如何写，也曾经很伤脑筋，例如，在中式信封上，右边收件人的地址如果太长要如何分行，邮差才不会看错；中间收信人的名字，要不要用比较大的字体，是不是要高于右边的地址；姓名之后，需不需要空行再写先生或女士；先生或女士之后，要不要空一字，然后再写“启”、“收”等，我都一再参考各种应用文书籍的格式，而后才慎重决定一种自己认为比较恰当的方法。

因为有过这样的“摸索”，所以我才知道，原来写信光是“格式”就有诸多讲究，写给不同的长辈，要有不同的尊称、问候和署名；写给平辈或晚辈，当然也有不同的格式和用语。至于手写文字的字迹，无论如何当然都是力求整洁、漂亮，连用什么笔也都费了不少心思去讲究。

三

写信的表达方式

虽然用了这么大功夫写信，但其实我并不知道，收信的长者会不会回信。尤其是第一次写信，总是忐忑不安，真是又期待又怕受伤害，怕这些大大有名的诗人、学者、画家不会理会我这个冒昧写信的小子。

所以，除了讲究信的格式，最重要的是内容。你写信给别人，总是要有一个主要的目标，不能只是表达景仰，起码你得是真的有事要说、有话要问。

可是，问的问题也不能太浅、太深、太大、太多。太浅，表示你无知；太深，其实常常只是故作成熟；太大，很难回答。写信是很花时间的事，我想很少有人会花太多时间给一个素昧平生的陌生人回信。

所以写信的长短也很重要，不能短得像打电报，也不能长得让人不耐烦。总之，你要考虑到师长们的时间宝贵，不能什么鸡毛蒜皮的事都拿来烦人家。

因此，第一封信怎么写，实在是非常不容易的事。一封几百字的信，可能得重复写数十次，错字，重来；语气不对，重来；字写歪了，重来；文字太平淡，重来；太热情，重来……总而言之，要写一封文辞得体而内容适当的信，绝非想象中那么容易。

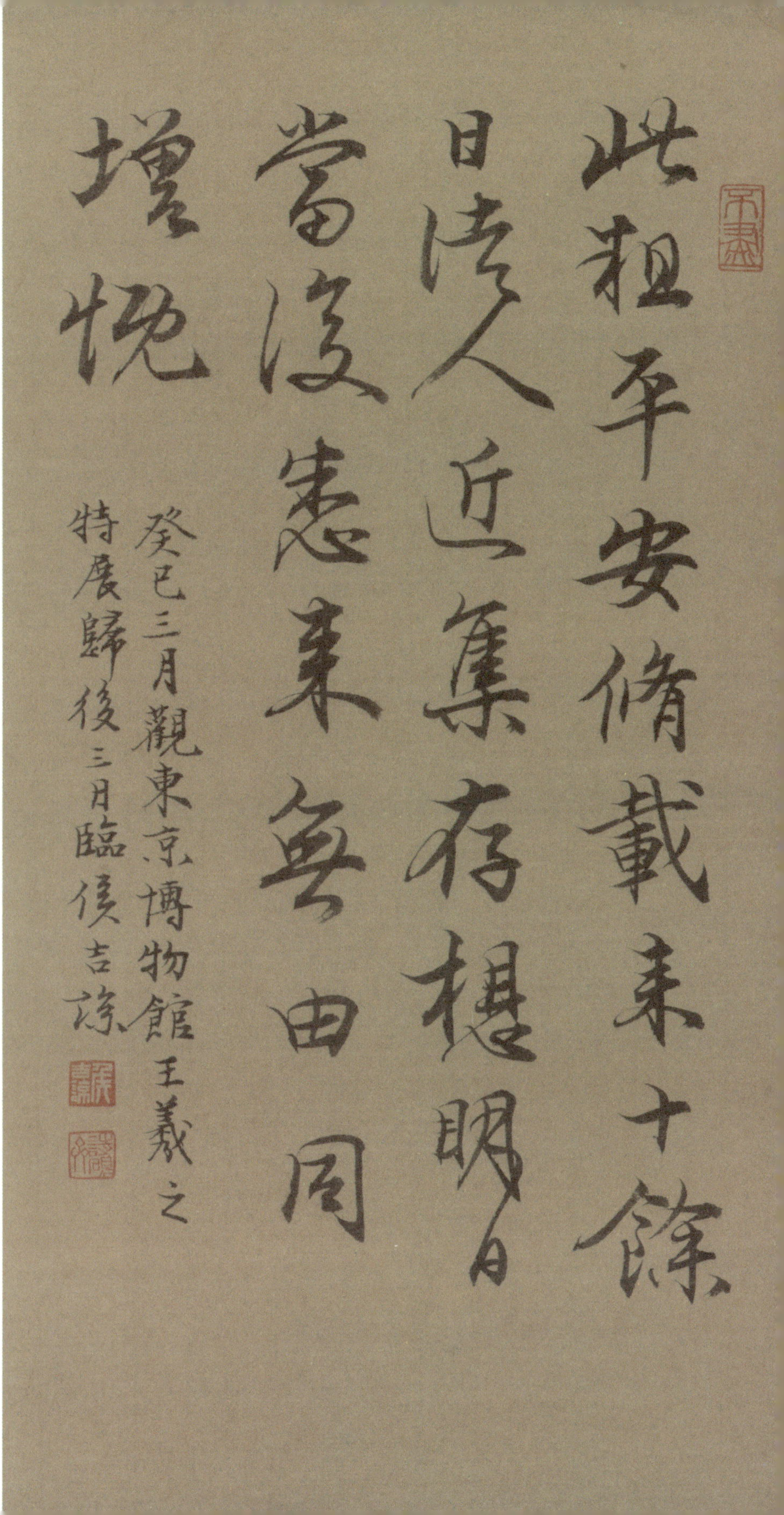

信件中的书法，成为极为珍贵的中华文化。侯吉谅临王羲之《平安帖》

四

从写信进入写作的堂奥

然而就是这样自我训练的结果，让我在写信中慢慢领悟、体会到一些要领，也学会了文字创作的某些本事。什么样的文字会得到共鸣，什么样的表达方式不会让人反感，都在这样不断重复的摸索中有了体会。

许多人初学写作，总是太过表现文笔修辞的华丽，或者太过理直气壮的表达，好像非得有很美丽的辞藻、雄壮的气势，才算是文艺创作，对此，我有不同的意见。

任何文字，其存在的理由都是为了“沟通”，你写诗、小说、散文，也是为了要有话要说，要让读者了解或感受到你的文字内容。如果写的东西晦涩无比，读者很难理解，那就失去了创作理由。

写信，训练了我写作的基本能力——不但能写，也懂得预测收信人的反应，这种理解文字和阅读者的能力，大概不是习惯使用网络的现代人可以体会的。

五

网络时代的写信规矩

现在网络、电子邮件太方便，很多人写信都不懂礼貌，不但不懂礼貌，而且非常的粗糙野蛮。

写信不管给谁，最好都要有抬头（称呼对方），先问候，然后才是写信的目的。最后要有祝福，信尾要具名。

如果收信人不认识你，那就一定要先自我介绍。

我常常发现，很多人完全不知道如何自我介绍，什么话都敢随便乱说，但写起自我介绍，就有如千斤重石压在笔上，不知从何下笔，有的洋洋洒洒一大篇，却只是写了很多字，完全没有提供可以让人了解你的内容。

我在博客、脸谱网、书法班的报名帖中，都要求我不认识的人要自我介绍。常常发生在自我介绍时人就消失了的事。

这实在是我完全没有办法理解的事：一个人，怎么可以只想和别人交流，而却坚持不让别人知道你是谁？

有的人说，这是为了保护隐私，这我也完全不能同意。一个人的姓名、性别、年龄、学历、经历，这些都不是隐私，而只是一个人的“基本数据”。我们和别

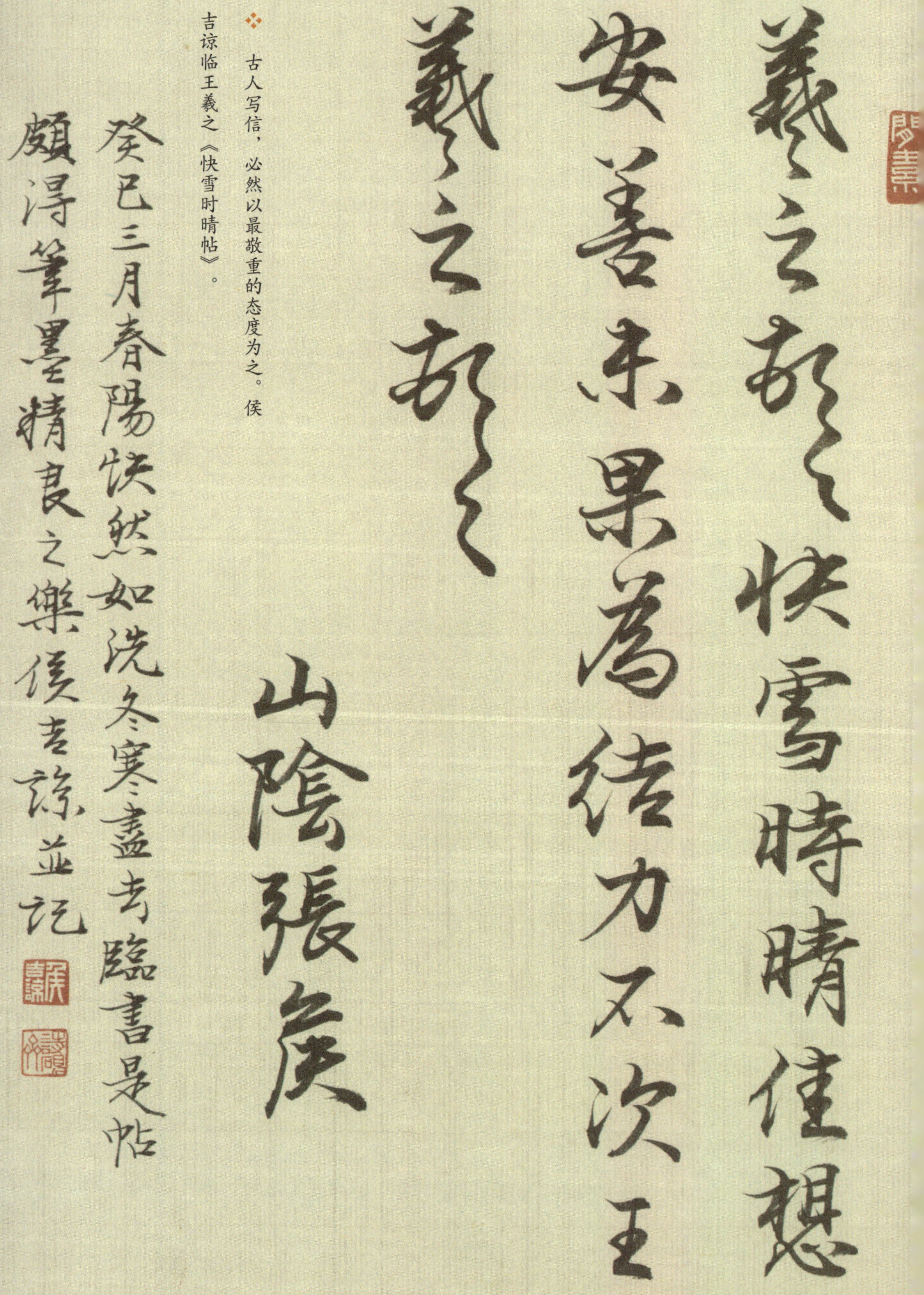

羲之顿首快雪时晴佳想安善未果为结力不次王羲之顿首
山阴张侯

癸巳三月春阳快然如洗冬寒尽去临书是帖颇得笔墨精良之乐侯吉谅并记

古人写信，必然以最敬重的态度为之。侯吉谅临王羲之《快雪时晴帖》。

人交往交流的时候，最需要的也不过就是这些基本数据而已，而如果这些基本数据都不愿意让人知道，你又有什么资格要求别人和你交流呢？

我常常收到许多网络上的留言、电子邮件，共同的特色是：不具名，或具名但没有自我介绍，或自我介绍类似“我是一个大学生”这样空泛。然后就要求转载文字、作品，要我提供作品、图片，问毛笔哪里买、宣纸哪里买，能不能帮忙鉴定书画、推荐书法老师等等，要求五花八门，但共同的特色，就是不让你知道他是谁。

坦白说，很难想象，人与人之间的“交流”可以粗糙到这种程度，而且完全没有自觉其中有不妥或不对。

通过网络的人际互动，其实和以前通过写信没有什么两样，但为什么许多人用起电子邮件或网站留言，却可以粗糙到这种程度呢？

我觉得原因有两个：一是这样的人根本不是为了和任何人沟通交流，他只是粗糙地要表达意见、索取数据或获得信息；二是匿名的特性，让人不知不觉在匿名的情形下为所欲为。

自从网络成为人们最重要的媒体、通信工具以后，网络匿名已经成为恶意攻击者、恶意留言的最佳保护方式。太多人因为匿名而觉得不论做什么说什么都可以不被抓到而为所欲为。这样的人在匿名时表现得非常理直气壮，但实际上却正是懦弱甚至卑鄙的表现，所以偏激的言论，几乎都出现在匿名前提下。

光明正大的言行，不需要匿名的掩护。

网络匿名让许多人在不知不觉中养成了负面的人格。任何在真实身份下不敢说不敢做的，都可能因为匿名的“安全”，而变得毫无顾忌；但这种负面的言行、心理，不会只存在于使用网络的时候，一旦有了这种负面的心态，即便离开网络，仍然会继续影响一个人的人格，而匿名的负面效应也因此而“鬼上身”了。

网络礼节是一个法令来不及规范的新生事物，所以很难有适当的法律让网络用户遵守。就目前来说，只能靠大家的自觉，靠真实世界的修养来修整随便使用网络带来的偏差。

六

写信反映的是整体修养

写信是一件很小的事，但反映的却是一个人的整体修养。我每次收到长者的来信，要反省自己，这位师长为什么要回我的信，我是哪里做对了，所以他愿意回我的信？如果没有收到回信，也反省为什么没有收到回信，是师长太忙没空回信，还是自己的信件有所不妥，所以师长不予回复？

在信件的回复与不回复之间，其实就蕴含了许多做人的道理。如果连这些都不懂，又如何能够“修书问道”呢？

写信“曾经”是一件非常重要的事，书信往来为人类累积了无数珍贵的文明与文化遗产。以书法来说，王羲之、王献之、苏东坡、黄山谷、赵孟頫这些书法大师们最好的书法几乎全部都是信件。如果没有了这些信件，我们很难想象当时的文人风采是何等光耀夺目。而网络发达之后，无论电子邮件还是 留言式的信件往往都不被重视，也很难留存，人与人之间“修书问道”的心情，恐怕就更难期待了吧？

师徒与师生

多年前，一位学生远道拜师，感于她的诚意，所以我重拾旧业，又开起书法班来，后来学生越来越多，也渐渐有了一点麻烦。

老实说，我教书法的心情其实挺矛盾的。许多人虽然想学书法，只是想浅尝即止，甚至根本就是抱着“想学个才艺”的态度。这和我期待的“师徒关系”有很大的距离。

一

师徒不是师生关系

在现代的社会关系里，“师徒”的关系大概是很少有人能了解的了。

“师徒”不是现在的学校里的师生关系，更不是补习班那种贩卖知识的师生关系，而是传统学艺问道的，所谓“一日为师，终身为父”的那种师父倾囊相授、徒弟全心学习的关系。

历史上最有名的师徒关系，当然是孔子与他的七十二名弟子。学生追随老师周游列国，问道于生活之中，那当然不是现代人在学校里上课可以想象的境界。

现代人最可以说明什么是“师徒”关系的，大概是江兆申先生和他的学生们。

1991 年开始，我有幸跟随江兆申先生学习书画，于是渐渐把所有杂事排开，以便可以在老师找我的时候“随传随到”。

那时候江老师已经从台北“故宫博物院”退休，搬到埔里居住，每两星期回台北一次，一般是周五中午回台北，周一中午回埔里。在台北的三天时间，行程大都排得满满的，要去医院固定门诊拿药，周日上下午各有一堂课，应酬就排在晚上。

我那时在联合报工作，下午一点开始上班。我一般都是周五中午到南港老师家，送他去国泰医院门诊，之后赶去上班，下班时如果老师有应酬叫我作陪就去餐厅，

没应酬的话，有时老师会叫我去家里吃饭，喝点小酒，陪他看看电视。老师生活规律，九点多就睡觉，于是告辞回家。

周六早上再到老师家，看他画画写字，中午陪老师吃中饭，接着再去上班，如果有晚上的应酬，就再去餐厅。

星期日早上是我们上课的时间，通常是早上八点开始，到中午十二点。下了课，一般都去忠孝东路明耀百货后面巷子的一家餐厅吃饭，饭后大都也会去李义弘师兄的画室聊天喝茶。李义弘的画室非常宽敞，四五个大男人累了就躺在地板上休息也不会觉得拥挤。一般回到家都是四五点了。

星期一早上，我再到老师家，看老师画画写字，中午饭后再去上班。

老师不在台北的那个星期，大都会分批约学生去埔里，因此我大概一个多月就会去一次。台北到埔里一趟交通时间大约四个多小时，所以一般会安排至少三天两夜。

如果谁太久没去埔里，老师就会要他安排时间，开车载他去埔里。老师不说原因，其实大家都知道老师在盯学生了。

因为这样，所以我得空出许多时间，才有办法侍奉陪伴江老师。因此，除了在联合报的工作必须维持外，我渐渐把许多事情都取消了。

那个时候的我，做的事情还挺多的，除了联合报的工作，还帮两三家出版社规划、监督出版业务，帮忙做一些杂志的编辑，以及广告的策划执行等等，虽然都只是帮忙性质的事情，但这些工作的报酬加起来一年大概有两百万（台币）左右，是我当时在联合报薪水的数倍。然而，为了可以空出时间和江老师学习，我毫不犹疑地放弃了那些工作。

简单来说，为了可以和江老师学习，我放弃一年两百万的收入。

当时似乎也没有计算太多，只是觉得钱可以再赚，但能够和江老师学习的机会实在是太难得，当然要紧紧把握。

那时有少数朋友知道我花了这么多的时间和江老师学习，都觉得不可思议，我自己却认为一点都不奇怪。因为不可能有第二个像江老师这样的老师，在中国书画的学问上如此渊博，创作这么精彩，而且教学完全不藏私。

直到 1996 年江老师到内蒙古、东北旅行，在沈阳因心肌梗塞猝然离世，我跟随江老师的五年时间，完全没有缺席过。

江老师的过世，对书画界来说，是重大的损失。然而，恐怕只有他的学生才知道失去的是什么。

也有一些朋友知道我跟随江老师的情形，颇为佩服。但我自己知道，在老师的学生中，我并不是最认真的。我入门的时候，有许多师兄已经跟随江老师超过三十年，也早就是台湾的名家、大师，但他们依然两星期来上课，没见过谁请假的。

有的师兄师姐远在南部，当时交通没那么便利，上课要前一天就到台北来，这样南北长途来往实在辛苦，但他们依然是数十年如一日。

二

成为徒弟才能入门

我参观过一些书画团体上课的情形，老师画画写字的时候，大部分学生都坐着看老师示范，但似乎只有少数是认真的，许多人甚至聊天聊得极其忘形。

江老师上课的时候学生几乎全部都是站着，因为只有站着才能看清楚老师下笔的方式。一个早上四小时下来，只有在老师停笔休息的时候，大家才会交谈，安静的画室内，就只听见老师的笔在纸上画过的“沙沙沙”的声音。

老师画画的时候，有时画到纸边，常常看到站得近的师兄一个手指头就伸了出去，帮老师把纸压平，老师的笔画过去，手指就轻轻地离开，绝对不会影响老师的画画节奏。这种默契，只有师徒之间相互了解到一定程度才有可能出现，当然，也只有极其认真地观察老师的动作才有办法产生这个互动。

写字的时候，这种默契更是表现得极为明显。师兄不但要帮老师拉纸，还要照顾纸张的平顺，以及抄写内容的顺序进度，以便让老师写字可以一气呵成。写书法最重要的是一气呵成，但最难的也是一气呵成，因为长条式的书写需要不时地把纸张往前移动，才能继续写，如果没有人帮忙，就得写一写就停下来移纸，所以老师写字的时候，通常会叫学生帮忙。

师徒是传统学艺问道的，师父倾囊相授，徒弟全心学习的关系。（陈勇佑摄影）

但拉纸不容易，要了解写的内容，也要知道写的技术，尤其是写到底端的时候，要不要往上拉，让没有写到一个节奏的句子继续写下去，这就需要相当的经验。师兄们跟随老师二三十年，了解老师的习惯，什么时候要拉纸、拉的幅度多大，都控制得恰到好处。有时老师才写完一个字的最后一笔，纸张就迅速拉到下一个字落笔的地方，其精准的程度常常让我看得惊讶无比。

但帮老师拉纸是很重要的训练，因为一方面要非常留意老师写字的节奏，一方面也要判断他的节奏，并从老师写字的顺畅与否检验自己的判断是不是正确，这样一来，就等于是在学习、体会老师写字的节奏。写字的节奏，是写书法的一大秘诀，也可以说是一个人书法能不能进入创作阶段的重要关卡。

三

『尊师重道』不只是礼节

写字画画是不能受到干扰的，我很佩服那些看到学生一直讲话但依然能画画写字的老师们的好脾气，但也觉得老师不要求、教导学生尊重创作是不对的。

至少，上课的时候要认真，再至少，老师示范的时候要安静，这应该是最起码的基本态度。上书画课不能只教技术而不教态度和观念，否则学生们永远无法学会正确的观念与态度。

中国人从小没有接受多少美学的教育，对书画的欣赏能力只停留在字写得端不端正、画得像不像的幼儿园阶段，但一般对书画又有很多自己的意见。这些，是学习书画时都要纠正的东西。

在古人学艺的过程中，首先教的是做人，而后才是知识与学问，这种教育方式有其深刻的意义。

现代的教育制度固然让所有的人都有机会受教育，但学校的体制却只能教知识，很难及于其他。尤其是现在媒体发达，各种知识、观念、价值观都有，学校里很难像二三十年前那样，灌输学生比较正统、正面的价值观。有的学生甚至瞧不起老师，有的老师也的确不能胜任，凡此种种长期累积下来，我们的社会慢慢

❖ 在古人学艺的过程中，首先教的是做人，而后才是知识与学问。（陈勇佑摄影）

就失去了师道的尊严与功能。老师与学生之间，甚至变质为知识的买卖的关系，完全丧失了“传道”的可能。

“尊师重道”强调的不只是礼节，而是一种文化、价值观念的传承，那里面不只是知识技术的学习，更是人格、修养、观念的全部启发，这也就是“师徒关系”无比珍贵的地方。

道家王淮

一

思想的启蒙

在我成长的过程中，是很幸运的，在各个领域都有当代最杰出的大师引导教诲。大学时代，刚刚开始写诗的时候，就获得余光中、洛夫的指导；书法则在王建安老师每天的训练下有了扎实的基础；毕业工作后，为了追求更深厚的艺术境界，于是潜心书画篆刻，也幸运地受到台静农先生的指点，更得以拜在江兆申老师门下。

除了前述几位，还有更多的前辈名家，都教导过我各类的知识技艺，在同辈创作者中，在某一方面和我相同经验的固然不少，但要同时在各方面都有这种际遇的，我想不会太多，甚至可以说，我大概是唯一的例子。

这些老师们的作品、为人，都让我在艺术的追求上得到无限的启发，他们在各自领域的成就，如同灯塔一般，让我不致在茫茫的艺术大海中迷途，当然也成为我追随的目标。

不过，我从来不满足于只是追随老师，创作最重要的，就是开创自己的风格，但在学生时代，对一个刚刚踏入艺术创作之路的年轻人来说，如何才能创造自己的风格，甚至怎么知道自己有没有创作的天分，能不能有成绩、值不值得义无反顾地投入，却是最大的困惑。

我真的很幸运，因为，在那个时候我碰到了一位在思想领域上影响我一生的老师——王淮老师。

记得那是我大三的时候，听中文系的同学讲，他们系上有一位授课非常精彩的教中国思想史的老师，一句论语可以讲解两小时，建议我不妨去旁听。

我去了，而且就在我去旁听的第一堂课那次，向来不点名也不记得学生名字的王老师竟然走到我的座位，问："你哪里来的？"

很快中文系同学知道了这件事，直说不可思议。

因为王老师夜间部的课不但日间部的学生会来听，连东海、静宜、逢甲的学生，都会长期旁听这位据说是哲学大师牟宗三最得意的弟子的课，所以不管有没有选这门课，都要早早去占位置。因为学生太多，王老师根本不会注意谁来听他的课，而王老师居然会来问我是哪里来的学生，实在很稀罕。

二

聊天的智慧

就是这么一个小小的举动，让我觉得，王老师不像中文系同学说的那么高不可及。于是，在上了几次课以后，我就鼓起勇气，跟着其他中文系的同学到王老师的宿舍去“敲门”。

王老师住在学校的宿舍里，门虽设而常开，只要学生叩门，没有不让进的。

去过几次以后，我就单独行动了，有空就去王老师那里聊天。从此改上课为聊天，比起老师上课时一句论语可以讲两小时的精密分析，和王老师聊天，只有“天马行空”可以形容，那不是上课，也不是传授功夫，根本就是知识灌顶，生命与灵魂的直接对话。

但对一个读食品科学系的学生来说，和王老师聊天非常辛苦，因为经常不知道他在说什么，顺口而出的，究竟引用了什么经典。

大概是那个时候开始，我拼命地读四书五经，尤其是《老子》、《庄子》，不管懂不懂，先读了再说。

其他书还好，《老子》可是精读细背的，因为这是王老师的本家行当。他就出过这么一本《老子探义》，据说是他大学时就写好的东西，写好了也不想发表，这么一搁就十来年，直到教授评级要有著作，才不得不拿出来出版。

在王老师身上，我第一次领略天才是怎么一回事，后来，在江兆申老师那里，我再度知道什么叫天才。原来天才不只是聪明，而是有一种特别的能力，可以轻易穿透一般人无法理解或必须困难学习的领域。

江兆申老师保存着一件他十一岁时初学篆书的作品，在短短两小时之内，他经由父亲、舅舅的示范，就准确掌握到篆书的技巧，书写笔迹明显进步。

三

天才是难以想象的

我曾经和王老师提过这种天才的发现，他只淡淡地说，你要相信，天才是难以想象的。就是这样淡然的态度，使我知道，原来一个人的才能有无限可能。

王老师本身的天分，在我看来，从最粗浅的层面讲，是对古文的理解能力，而后是对古人思想模式的穿透能力，许多苦涩艰深的古文，王老师三言两语就交代得清清楚楚，真不明白为什么有人可以在学生的年纪，就把《老子》那么深奥的东西分析得明明白白。

王老师上课的时候，常常讲一些许多学生喜欢的“名言”，例如，他常常说人的本质是孤独的，但生活可以孤独而不寂寞。

如何才可能做到“孤独而不寂寞”呢？那就要让自己的心灵强大，所以“交朋友也要交那种有强大心灵的”。这是王老师的强人哲学。

王老师并不教我写诗、写文章、绘画、写书法，但他教我思考的能力，那是更根本的、可以圆满自足的能力。

其他许多老师教我的东西，我当下不见得知道有多重要，但王老师教的东西，我知道是一辈子都用得上的，也是要用一辈子去学习的能力。

四

不平凡的美学

所以，毕业以后，我仍然常常去找王老师，问他一些当时的困惑，也从他的生活态度中，领略一种非常超脱常俗的、不平凡的美学。

王老师在新店花园新城有一栋公寓，他大概每隔一两个月会从台中上来，或是寒暑假的时候来住一阵子。还没开车的时候，我常常骑摩托车去，和王老师乱聊，抽他的“新乐园”香烟，喝他那种特别浓的茶，仿佛学生时代，在他的宿舍里，没有预设立场、目的的聊天。

不知道为什么，许多当时觉得无法突破的人生的困惑、工作的困境，总是在和王老师见面后，就很轻易地渡过、克服。

王老师谈中国传统思想，也谈现实的政治，更谈人生的态度，他对人世的一切兴衰起落，都有很准确的预测，是最厉害的“趋势专家”，也是最高明的哲学家。我最佩服和向往的，就是他这种“看穿真相”的能力。许多学生都可以从他上课的精密分析学到这种绵密严谨的推理。

王老师上课很精彩，他的名言是：“思想和数学一样，小数点都不能错过。”所以他教中国思想史的时候，《论语》、《孟子》中的一句话可以讲两个小时，细细推论、不断反复辩论，一堂课上下来，就好像做了一次心灵的“三温暖”。

但我知道自己的底子太差，没受过什么古典文学的训练，一个科目一个科目地上课来不及，所以得自己想办法赶上中文系同学的进度。因此我在练书法、写现代诗和做实验的空当，开始大量阅读中国古代经典。

那时中兴大学刚刚盖好汉宝德设计的图书馆，许多同学都喜欢到图书馆读书和谈恋爱，我则只去图书馆借书和查资料，那是高中在成大图书馆就养成的习惯。高二时，我姐姐从台大图书馆系毕业，就开始在成大图书馆工作，因为这样的原因，我知道图书馆的功用不应该只是一个让大家念书的地方，更是一个查资料的地方。

也就大三那年，我上了“流体热力学”这堂课，那位老师第一堂课说的话至今仍然令我印象深刻，他说：“我今天教你们的东西，都是二三十年前就已经发展完成的老知识，你们其实可以自己查数据就可以，但还是要上课的原因，是我的课要教你们自己阅读和查资料，自己教自己，比老师教的还要重要，但是要有方法。”

我想到王淮老师心中那深不可测的学问，忽然明白，上王老师的课非常幸运，但也非常浪费老师的才学，重点是，不应该只期待和满足于老师的说文解字和精密分析，而是尽量充实自己的基本能力，这样，才能领略他看似灵光一闪、其实是深思熟虑的智慧。

于是我开始去图书馆，和王老师聊些不懂的东西，心中记起来，然后赶快到图书馆查资料。

久而久之，这样的方法，就变成我的习惯了。

五

读不尽的《老子探义》

和王老师聊天，还无意中训练了我一个在同辈中少有的“听音辨意”的能力。

王老师是安徽人，乡音颇重，所以不容易明白他说的是什么，幸好引经据典的时候都是“似曾相识”的句子，猜一下也就大致明白他说的是什么。这样一来，也就慢慢听懂他的意思，“听音辨意”的能力也就增加了。

这“听音辨意”的能力带给我许多好处，尤其是和长辈们聊天的时候，方便许多。因为工作和兴趣的关系，我认识许多艺术界的前辈。和他们的往来比和同辈的朋友更多，他们大都也很喜欢和我聊天，除了懂他们会的东西，我想更重要的，是我听得懂他们的乡音。

更妙的是，在我往来的长辈中，我还注意到，虽然各个省份的都有，但以安徽居多——江兆申，安徽黄山人；台静农，安徽霍邱人；汪中，安徽桐城人；诗人张默，安徽无为人；联合报的老长官刘国瑞，安徽泸江人；刘昌平，安徽舒城人；季野，安徽无为人。我和安徽人似乎特别有缘，而和他们讲话之所以没有什么困难，全部都是因为王老师是安徽人。

这种特殊的经验，使我相信，人与人之间，确实有一种难以说明的缘分存在。

王老师退休以后，我们还偶尔见面。记得最后一次见面的时候我问他，有没有想要回家乡去住？没想到王老师说还是要留在台湾。

1995 年以后，因为台湾的政治变动和海峡两岸关系的演化，许多当年随军队或政府来台的老师们都移民国外。他们害怕战争的心理，我很能理解，而同时告老还乡的心理，也是人情应有的心理，所以我问王老师，有没有想要回安徽长住？

王老师回答说，在中国历史上，台湾现在的状况，是最“有趣”的情形，他要留下来好好看一看这里人们的智慧与发展。

当时我对政治对立、冲突日激的台湾原本感到忧心，不知道为什么，王老师的这番话，竟然让我觉得台湾还是有希望的。

后来的几年，我因为工作、人生的际遇都有极大的转变，需要耗费全部的力气去面对新的挑战，也就疏于和王老师联络。但想到王老师还在台湾，就对整体社会和自己有了信心。

2009 年 9 月底，突然接到王老师家人的信，说老师突然走了。

王老师的家人写信给我说，王老师退休后一直独居于台中中兴大学附近的复兴街，过着“孤单但是不孤独”的自在生活，烟不离手、酽茶不断。

9 月 19 日傍晚他感到不适，住进台南成大医院，医师未能来得及帮他做正式检查，他就于 9 月 21 日凌晨撒手人寰。

老人家面容安详一如他的行事作风，挥一挥衣袖乘化而去。

家人对于王老师的后事处理，顺应王老师的作风，不应俗礼、不发讣文、不收奠仪，火化后，择日将老人家骨灰一部分带至黄山之巅及淮河之水，另一部分将带至台湾东部的湛蓝太平洋之滨。

王淮著作书影。

王老师是我平生所见最潇洒之人，其于生死大事，竟亦如是洒脱！

我知道王老师过世的时候，实在是无法相信，也来不及去见他最后一面。

说起来，真是让人觉得遗憾。这十年来，我最常常想念的就是王老师，可是却无从找起。因为我记的几个电话总是找不到他，我认识的同学朋友，也没人认识他，所以十年前那次在花园新城见过王老师后，就再也没见过他了。

当然，要找王老师，也没那么难，只是我和老师一直是这种“电话打通了你就来”的见面法，所以从来没刻意去寻找他，总是觉得太刻意寻找，不像是老师的学生应该有的风格。在这十来年的时间里，我总是这样安慰自己，也总是想着，什么时候时间对了，就自然碰面了。

当然，这也只能是我自己强作解释的理由了，王老师走了，遗憾是无法弥补的。

不过，老师如果知道我这么想念他，常常一遍一遍地“读不完”他的《老子探义》，大概还是会微笑的吧。

朱龙盦及其他

一

境界的存在

对我来说，朱龙盦这个名字曾经是一个模糊的“境界的存在”。

1978 年，我大一的时候，我们的语文老师朱玄有一次请全班同学到她彰化的家玩，在那个古旧的日式房子中，我第一次看到朱龙盦这个名字。

朱老师说，那是她父亲，已经过世了。

那时，我开始认真地学习书法，但最大的兴趣是写诗，看很多现代文学“健将”的文章，对蓬勃发展的现代文学和充满朝气的现代绘画有很大的兴趣。朱家墙上朱龙盦先生古朴的《礼器碑》引起我很大的兴趣，甚至在很长的时间内，朱龙盦的隶书对我而言，几乎等于古老书法的“活化”。

那时流行的书法是颜真卿和柳公权的字，连大部分的手写广告招牌字都是颜柳的风格，以致让人很厌恶这两位书法家，甚至从而排斥书法，我也不例外。当然那时不明白，广告招牌的字是油漆画出来的，早就没有了书法的自然流畅。

那时也没有多少字帖可以选择，大都是翻印再翻印碑刻本，字体僵化而无生气。但朱龙盦的隶书却像“活的书法”那样，虽然字形字体很古老，但却是活的，因为朱龙盦的隶书是“写”出来的，一笔一画，都可以感受到毛笔在纸张上面运动的痕迹。多年以后，我长久临习《礼器碑》，想要达到的就是朱龙盦的境界。

可是对一个没有受过艺术训练、对台湾艺术环境不熟悉、对中国传统书画文化也很陌生的大学生来说，其实朱龙盦代表着什么，我当时也并不明白。

二

更深入了解中国书画

很多年以后，我决定更深入了解中国书画，系统化了解整个传统书画的演变。从晋朝的书法、宋朝的绘画开始，我第一次真正感受到传统书画的博大精深，有了“艺海浩瀚、如何可追”的茫然与感叹。

1991 年跟随江兆申老师学习之后，我仔细重读了江老师的文字著作《关于唐寅的研究》、《双溪读画随笔》、《文徵明行谊与明中叶以后之苏州画坛》，从文字到书法到绘画，比较完整地了解明朝吴门画派的整体面貌与个人风格之间的关系，开始了解每一件书画作品后面都有一个更精彩的人的故事。例如唐伯虎其实并没有那么风流潇洒，甚至连《唐伯虎点秋香》的故事都是假的，但唐伯虎的书画对我来说，反而因此更有吸引力。

从吴门画派，我慢慢上溯“元四大家”——黄公望、吴镇、倪瓒、王蒙的绘画，再追溯到赵孟頫，一直到北宋的伟大山水。

在了解传统绘画演变的同时，我从江老师的作品中，不断看到古人的笔墨如何化作眼前的山水。江兆申老师画的那些画，虽然是同样的笔墨、造型，但整体风格和古人的画非常不同。这样的转变从何而来、因何而生，是我当时每天在自己画画写字时不断重复思考的问题。

江兆申老师的书法也常常让我有这种感觉，他的字，只要是临摹古人的经典，就一定非常非常接近原作，但却一点都不生硬僵化，仿佛那些字是他原来的字体。这个功夫让我回想到记忆已经非常依稀的朱龙盦，在彰化那个日式房子中看到的《礼器碑》，那是在其他书法家的作品中很少能看到的气息。

三

寂寞朱龙盦

2011 年 8 月，“朱龙盦一〇五岁纪念展”在历史博物馆展出，我终于在展场看到记忆中的《礼器碑》，还是那样大气雄浑、自然流畅。

但我还是非常讶异朱龙盦在那样的年岁就创作了那样数量庞大的书画。即使以现在的眼光来看，朱龙盦的书画还是数一数二。

朱先生过世得早，1975 年就走了。那时，台湾现代化的脚步刚刚开始，年轻文化人的热情慢慢集中在“新”的事物上。大家有兴趣的是现代诗、现代舞、现代画，而再过十年，台湾的股票市场从数百点到破万点，经济的热河淹没了所有艺术的关注，朱龙盦的书法、绘画、古琴、篆刻虽然精彩，但生不逢时。

至少，三十多年来很少听到有人谈到过朱龙盦，因为时代的潮流刚好在这三十年间有了很大的转弯——台湾各方面都急速现代化了，传统文化的价值在政治、经济的双重变动下，有意无意间被冷落了。

传统文化被冷落的结果，是台湾整体文化的低落。二三十年来，台湾整体的文化很明显处于一种迷失的状态中，讲到传统，大家总是一脸茫然，讲到现代，又脑袋一片空白。如果问可以代表台湾文化的是什么，更可能不知如何反应。

其实，在朱龙盦纪念展展场，就很容易看到这种现象。我去看展览的时候，历史博物馆人不少，遗憾的是，大部分都是看毕加索的。我的许多学生去看展览的时候，也都有相同的经验。

这么多年来，台湾的大型展览，已经被炒作成不折不扣的商业行为，而不是文化的或美术的展览。卖门票、卖外围商品的收入成了重点，展览本身可以带给观众什么，早就不重要了。

如同最热门的“黄公望《富春山居图》特展”，那么拥挤的人潮，被不断催赶向前移动，这样的展览只是消耗了观众的热情而已。

相对来说，朱龙盦的纪念展就精彩多了。一百多件的书、画、篆刻、古琴，一个何等丰实的儒雅的世界。

在展览大厅看了一圈，顾场的小姐过来说：“我看你看得很仔细，提醒一下，还有另外两个房间也有作品。”

我很讶异有人在展览会场如此仔细观察观众的反应，我想，也许这位小姐也的确觉得，这样的展览不仔细看，实在太可惜。原来，重视文化人和他们的作品，也可以这样轻易做到。

大和尚写字

一

大和尚为什么要写书法

近几年，几位大法师特别着意书法，年节时总会见到他们的书法到处张贴，在越来越俗恶的印刷春联中，特别让人觉得朴拙的清雅。

是的，朴拙，不管佛光山的星云、法鼓山的圣严，还是其他法师，他们的字都不是训练有素、技术精到的书法，他们的字之所以受到喜欢，无非因为他们是当代高僧。

大和尚写的字，对一般人来说，总有几分招祥纳福、消灾解厄的“法力”，不管信不信佛，大众总认为大和尚写的字比较能“保平安”。

在生活周遭，常常看到这些大和尚写的字，因此免不了常常看着他们的字，就浮现许多好奇。

好奇他们为什么要写书法，写书法对他们来说，有什么意义。

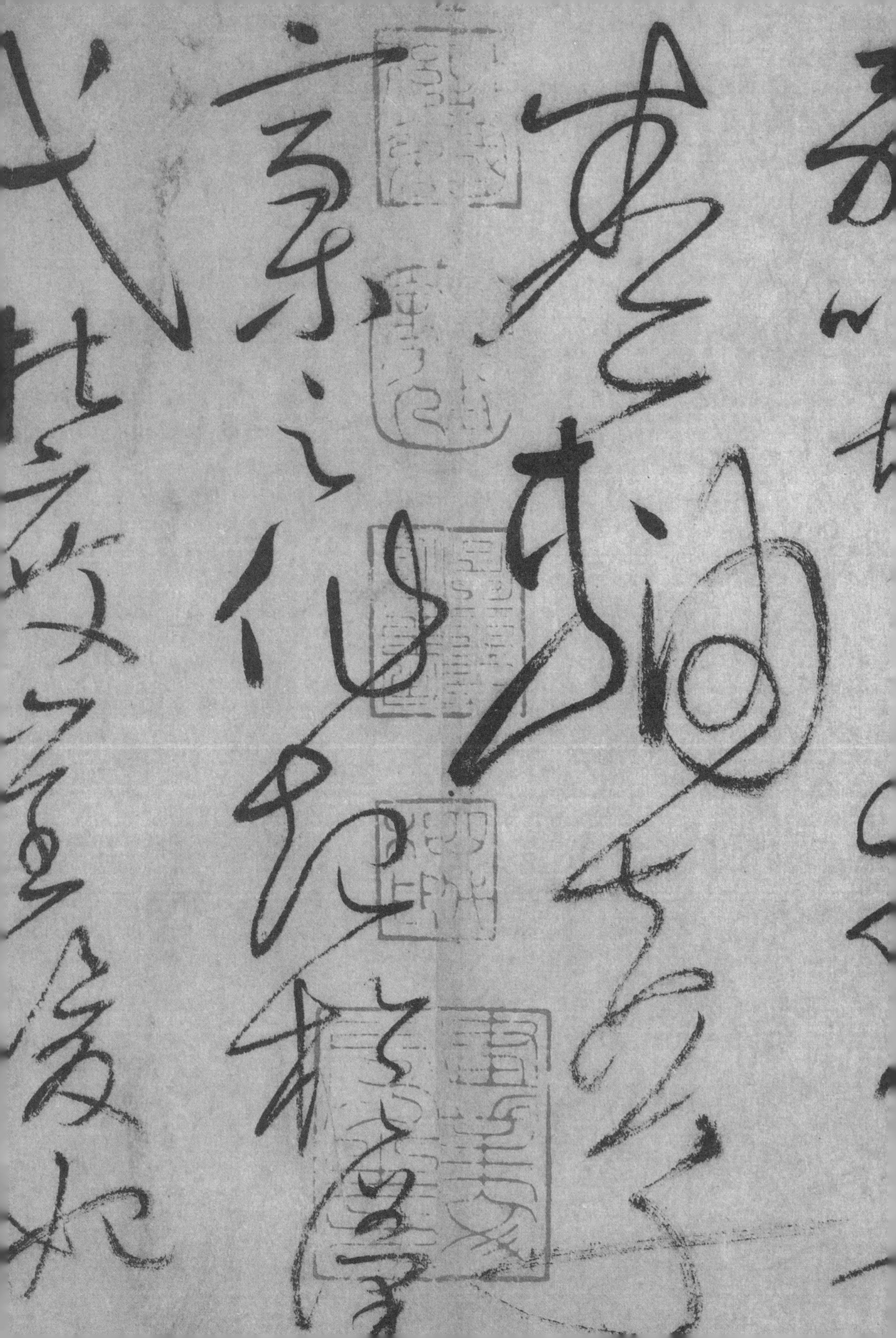

二

书法史上，会写字的和尚很多

在书法史上，会写字的和尚很多，最有名的应该就是唐朝李白写诗赞美过“草书天下称独步”的怀素。怀素的《自叙帖》是书法史上难得一见的草书长卷，其成就千余年来无人可以超越。

当然，传为王羲之第七代子孙的智永禅师，也是书法史上赫赫有名的人物，他的真草千字文是书法的最佳模板之一。冯武《书法正传》上说：“智永为羲之七代孙，妙传家法，为隋唐学书者宗匠。住吴兴永欣寺，登楼不下四十余年，积年临书《千字文》得八百本，江东诸寺，各施一本。所退笔头，置之竹簏。簏受一石余，而五簏皆满。取而瘗之，号退笔冢。求书者如市，所居户限，为之穿穴，乃用铁叶裹之，人谓之铁门限。”都是至今为人津津乐道的故事。

晚唐还有一位和尚“高闲上人”，可能受到怀素的影响，也喜欢写草书，可惜写得并不是很好，但却因此出现了一篇非常重要的书法论文，那就是韩愈写的《送高闲上人序》。韩愈在文章中说：“往时张旭善草书，不治他技，喜怒、窘穷、忧悲、愉佚、怨恨、思慕、酣醉、无聊不平，有动于心，必于草书焉发之。观于物，见山水、崖谷、鸟兽、虫鱼、草木之花实、日月、列星、风雨、水火、雷霆、霹雳、歌舞、战斗，天地事物之变，可喜可愕，一寓于书。故旭之书，变动犹鬼神，不可端倪，以此终其身，而名后世。”简直把书法可以表现的内容，提升到无以复加的地步，当然也因此可以理解，在古人心中，书法具有多么不可思议的功能。

所有高僧中，我最不明白的是抛弃了人间所有一切色相执着的弘一大师。不知为什么，他对书法始终未能忘情，所以留下了难以计数的书法作品，让我们庶几可以感受到一代高僧的风范。

弘一大师的书法有非常坚实的基础，他的魏碑写得非常地道。《张猛龙碑》用笔险峻、结构奇诡的风格，写得非常透澈，但就是这样原始、刚烈的字体，竟然被弘一大师转换成绵里针那样看似柔若无骨、实则劲道内蓄的风格。

三

星云大师的书法

比较起来，星云大师写的字就更“素人”一些，或者更可以干脆说星云的字就是素人书法。

当然，如果星云不是大师，而只是普通的和尚，或许他写的字不会有这么多人关注，如果他不是信众满天下的佛光山开山者，他的书法也不可能这样世界各国到处巡回展。

很多人说他们看到星云写字，如何如何感动，我想，感动的也可能是因为他是大和尚。

如果换是别的和尚写字，或许给人的感动就不会那么多。

这就是宗教的力量，就算是再平常的一句话，从大和尚嘴里出来，就似乎特别有道理。

我看星云大师写字，也的确有些感动，感动的当然不是他写的字有多好，也不是他写的句子有多么启发人心，更不是因为他是大师，所以就感动。

我感动的，是星云大师对写字这件事的执着，他写得好不好，有没有书法价值，他应该有自知之明的。然而，他还是继续在写，而且默许他的徒子徒孙们，这么大力宣传他的书法。我个人的猜测是，对星云来说，书法是一条与大众结缘的大道，通过书法他可以和许多从未谋面的信众对话。

那是一种沉默的心灵沟通，通过书法的线条、结构与文字含义，让看字的人专心注视书法，深思文字的内涵，而忘却俗尘、沉淀心灵。这是宗教的力量，也是书法的力量。

书法是所有艺术中，最容易体现“当下即是”的，下笔不能悔改、只能前进，一如时间的永不停止。因为眼睛不好，所以星云大师写字必须一气呵成，不能半途停顿，否则没办法掌握字形结构和位置，只能一笔而下，一笔完成，所以号称“一笔书”。

不过，在《星云大师一笔书》专刊上，有一段醒目的编者按，说：“星云大师罹患糖尿病四十余年，致近年视力模糊，但依旧挥毫不辍，并凭借‘心眼’和‘法眼’齐用，成就独门‘一笔字’书法绝学”。

从专业角度，坦白说，我对这样的编者按并不认同，觉得实在过誉。星云大师的成就、地位已经够崇高，不需要，也没有必要这种过度的赞美。

过誉还无所谓，主要是会误导人们对书法的正确认识。

因为就书写的技术来说，所谓“一笔书”，其实只是很自然的写字方式。

受到错误的楷书写法的影响，很多人认为，写毛笔字就应该是一笔一画地写，刻意描绘一笔一画的形状，然后搭架组织起来，成为一个字，他们这样认为，也这样写。这样写字，可能好看，但没有味道，因为字不是这样写的，字是要一个字一个字写，甚至是一句一句写的。

古人用毛笔写字，无论写信、写草稿、写文稿，甚至写给皇帝的奏折、店家做生意的账本，当然都是一句一句写的。古人写书法，很少是现代人写楷书那样，一笔一画，写一个字要花三分钟。

所以对熟悉毛笔正确使用方式的人而言，所谓“一笔字”实在不能算是什么独特的功夫，更不需要什么心眼与法眼。

当然也可以说心眼与法眼，也的确是，当你“用心”以有“法度”的技术去写书法，那么，时时刻刻都会用到心眼与法眼。但我宁愿把心眼与法眼，换成比较平常的名词。用心眼与法眼这样的名词，再搭配星云大师的身份，很容易让人感到玄秘神奇，但我觉得这样反而并不好。《金刚经》所谓“法尚应舍，何况非法”，用平实的语言谈论星云大师的书法，才是最好的方式。

星云大师写字的一笔而成，其实是不得不然的结果。

因为视力模糊，所以只能一笔而成，因为在笔画的行进过程中，字形随之出现，笔画有长短，字形有结构，一旦停下来，因为看不清楚，所以不知道上一笔的准确位置在哪里，下一笔就无从写起，所以只能一气呵成、一笔写完。而这样写字，恰好合乎了写字的基本要求。不刻意求道，反而技进于道。这才是让我感动的地方。

这么多年来，我一直提倡“书法要回归写字”这个基本功能的态度，因为我相信，通过毛笔这个需要高度专注才能掌握的书写工具，专注在写字、表达文义的原始基础上，可以唤醒被高科技文明催眠的、人们许多已经迷失的感性与思维。

在星云大师的书法中，我看到的，就是这种非常朴素的写字。

因为朴素，因为笔不停歇，亲身书写的过程可以见字如见人，有了书法文字的意义和内涵，更可以见字如见法，所以，星云大师的字，确实值得一观。

写字的梦想

每一个愿意花很多时间去练字的人，总是会有某种梦想的吧?

对写字的人来说，能写出漂亮的字有一种非常大的满足和成就。我年轻的时候之所以选择书法，很重要的原因，就是我希望可以写出漂亮的字，而且可以一辈子追求。

我的学生呢？他们写字的梦想是什么?

用毛笔写字，其实是很华丽的梦想。优雅的线条、温润的墨色、美丽的纸张、深情的诗词，可以寄托太多太多的情怀。

可是用毛笔写字又很困难，很多人练字练了一辈子，却始终在书法的门外徘徊，别人不说，我自己就大概练字练到十年以后，才慢慢摸到诀窍。

书法的历史太悠久，如果从小篆开始算起，至少有两千多年的历史，时间那么漫长，而历代杰出的书法家、风格又那么多，要练到什么时候才可能掌握技术？开始练字的那几年，我每每不禁这样叹息！

然而我始终相信写字是有快速成功的方法的，古人做得到的，我们也可以。

在领悟到了诀窍之后，我被自己的进步吓到了：“原来就是这么回事！”我的领悟有点像金庸小说中的孤独求败的“破剑式”，一招破尽天下千百剑式。从此之后，历代名家风格无不手到擒来。

我不敢说我的体会是前无古人，但至少是让人进入书法非常有效的方法。

古人谈书法，往往说不清楚，我用物理、数学、几何、化学、力学等现代人都有的观念解释书法，很容易被接受和理解。我常常跟学生说，老师不一定正确，唯一的方法，就是看看他是否写得出来。

但老师教了，学生可不是就马上能学会了。书法是实证的学问，只有自己动手下功夫实践才可以。要进入书法的世界，即使只是为了欣赏，还是得从练字开始。

我用这样的方法来引导每位学生进入书法的世界。看到他们书写的进境，我常常开玩笑地跟他们说，如果当年我能有一位像我这样的老师，现在的成就应该更大。

虽说是开玩笑，其实也不是。

因此，第一次学生的成果展览，我取名为“书有法”，意思有二：一是写字要有一定的法度，必须要有一定的技术；二是学写字要有方法，一定会有快速进步的方法。

我的经验很成功地在学生身上复制，他们每一个人写字的成绩，都常常叫我暗暗惊奇。

用毛笔写字，本来只是古人写字的日常生活运用，现代人却常常把它看得太深奥，其实没那么难，难的只是有没有人愿意传授正确的观念和方法，以及练字的人愿不愿意听话、下功夫好好练字。

学生愿意花时间来学书法，老师的责任就是把他们教会。

2010 年 4 月，我决定与学生开师生联展。那时，有许多学生都才学了一年，许多人都吓一跳，都觉得太早了，我倒是想验证一下我的理论对不对。

于是，愿意参加展览的同学，开始了每月一次的特训——交作业、检讨、讨论。

我记得很清楚，第一次交作业的时候，许多学生都说，开始写作品后才知道我平常为什么那样要求——笔笔不可随便、要注意行距、字距、要有写字的心情等等。

七个月下来，每一位学生的进步已经不能用神速来形容，为什么会这样？我常常在想，除了技术之外，应该还有别的什么吧？

我觉得，除了写字的技术，最重要的，就是想要把字写好的梦想。

在手写文字逐渐被键盘输入的现在，书写更有其深刻的意义，而用毛笔写字，在美丽的纸张上写出漂亮的字，更是一种很难形容的情怀。那是一种感情的寄托，也是一种美丽的创作。

这个展览的呈现，是教、学书法的初步成果，也是梦想的开始。

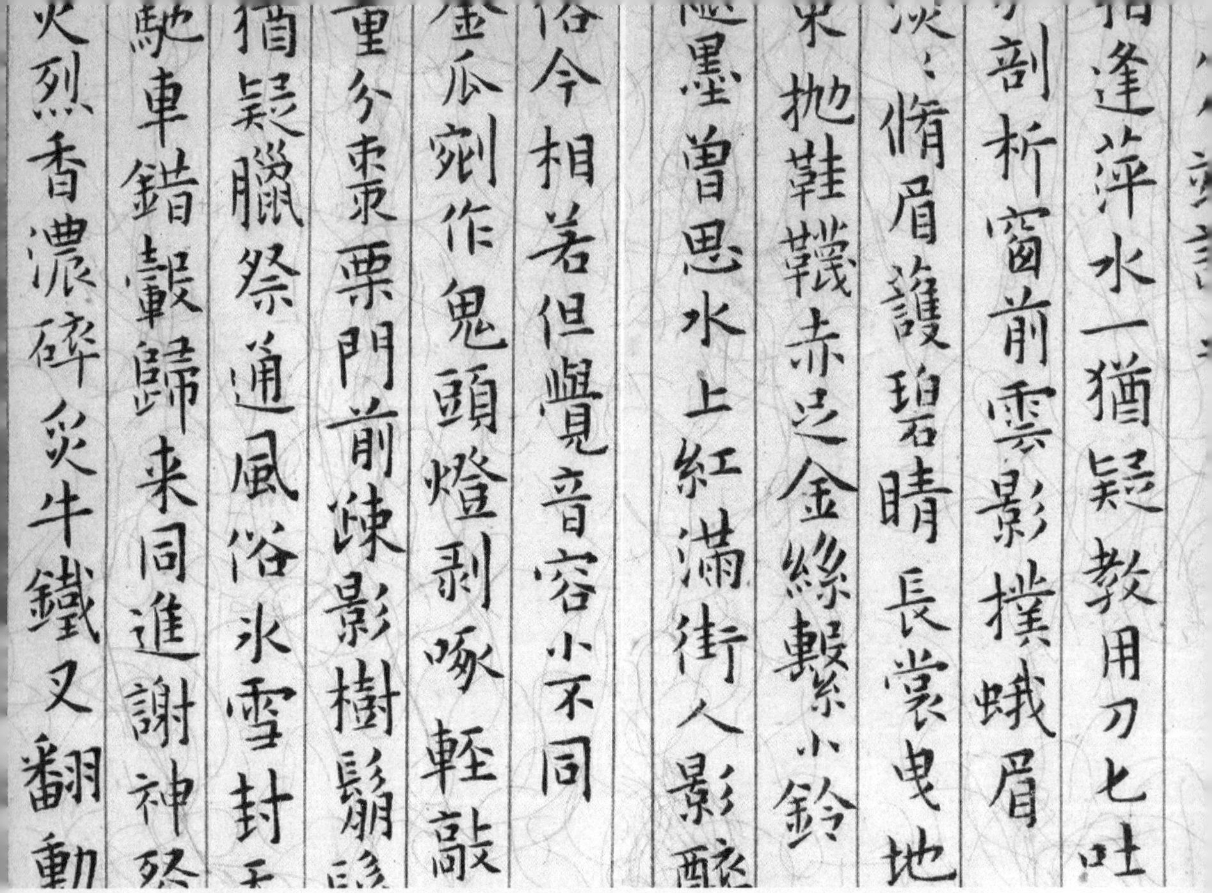
逢萍水一猶疑教用刀匕吐
剖析窗前雲影撲蛾眉
淡：脩眉護碧睛長裳曳地
抛鞋韈赤足金絲繫小鈴
墨曾思水上紅滿街人影
今相若但覺音容小不同
瓜劍作鬼頭燈剥啄輕敲
分棗栗門前竦影樹鬅
猶疑臘祭通風俗氷雪封
馳車錯轂歸來同進謝神
烈香濃碎炙牛鐵叉翻動

先文人，后画家

——略谈江兆申先生的诗文创作

一

江兆申的文学成就

江兆申先生是近代最杰出的文人画家之一，这点早为论者公认。

但在有关江兆申的评论中，鲜少触及其文学上的成就。

文人画的美学观念在元代之后，彻底影响中国绘画的价值标准，并从此主导了中国绘画潮流。

文人画的重要，是在写实主义已经发展到巅峰的情形下，把绘画的发展从外在世界的描摹，转化为画家个人内心世界的表达。这是非常不容易的转换，其中牵涉的层面非常广泛，至少视觉经验与心灵感受的转换，就不是一件容易的事。

但对传统文人来说，由于他们能诗能文，善于抽象思考与表达，再加上他们普遍善于使用毛笔，可以轻易掌握绘画的技术与元素，艺术语言的转换变成诗画合一，其结果便是“诗为无声画，画为有色诗”，诗情与画意即统摄融合在文人画家身上。

当然，文人画在数百年的发展中，也逐渐僵化为既定格式，因此，很多人误以为，把《芥子园画谱》那样的技法重新组合就是文人画。殊不知，对一个画家来说，要成为文人画家，就得先文人、后画家。

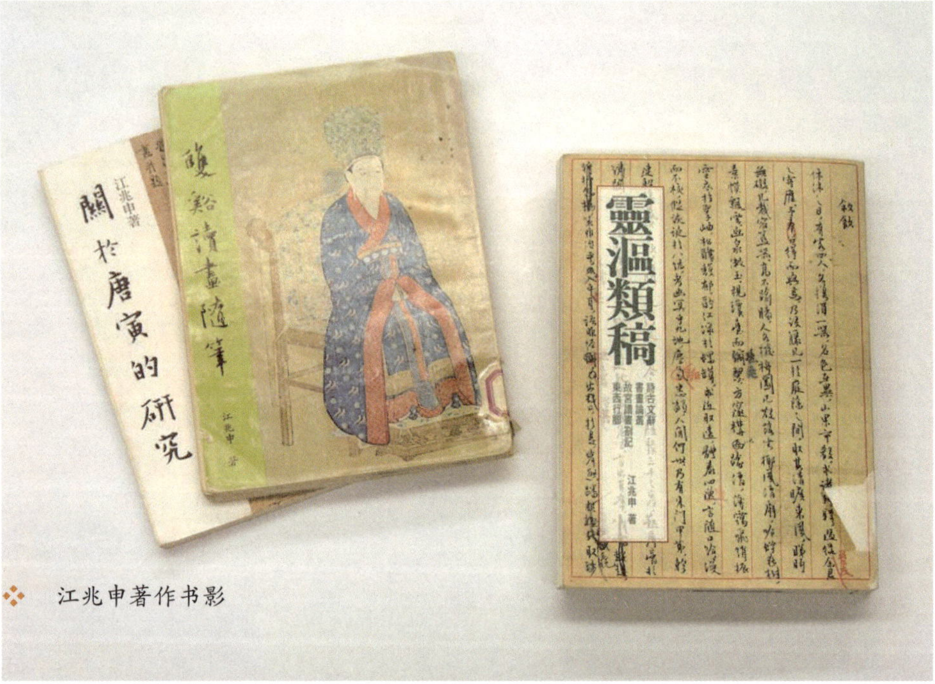

江兆申著作书影

江兆申比其他画家更高明的地方，正是他文学的造诣与创作的能力。

文学的造诣，指的是对古文经典的深入研究；创作的能力，则在诗文的表达书写。只有书写而没有造诣，容易流为空泛，只有造诣而没有书写，则不能把古文经典的知识转换为个人的修养，要再转换成为绘画的内涵就更不容易。

在江兆申亲自审订的年谱中，从学溥心畬先生时期的记载，全部都是读书的记录，这样的记录，必有深意。江兆申先生未言而言的，或许是：博览群籍，正是“文人”最基本的条件。

江兆申的文字艺术，即根基于扎实的古文经典。

除了台北“故宫”出版的《双溪读画笔记》、《关于唐寅的研究》书画学术文集，1997 年 7 月初版的《灵沤类稿》是江兆申亲自规划整理、指示出版的唯一文集，他毕生的思维、才情、学术见解、艺术研究尽收其中。

二

书画秘籍《灵沤类稿》

《灵沤类稿》汇集文稿，分为四类。第一类为诗古文辞，收录诗文百余首。第二类为书画论丛，收〔新入寄存台北“故宫”的明佚名画〕等评论书画文章共十三篇。第三类为台北“故宫”读画札记，共八三九则，四一八页，占全书三分之二，是江兆申用力最多的文字创作。除画件说明外，并评论其艺术特点，极受重视。第四类为“东西行脚”，为江兆申 1960 年赴美参加讨论会并参观各大博物馆及私人收藏所写，对所览的书画多所评论，读此可知中国书画域外收藏之一斑。

《“故宫”读画札记》，即为台北“故宫”馆藏书画说明，其写作风格，树立了台湾美术馆藏书画说明的典范，文字精准简洁，但并未失之单调。这样的书写风格，看似容易，其实非常困难。叙事、抒情、说理、评论合而为一，表面上只是书画说明，但江兆申却做到一字不赘、不易的境界，展现了精湛的文字修养和高明的书写表达能力。

以第一三三则《宋人冬日婴戏图》为例，正文第一段如此形容：“梅石茶花，杂以兰竹。童婴戏于其下，小猫亦跳跃其间。本幅笔墨，与苏汉臣戏婴图极其接近。山石皴法。婴儿口、眼与手皆无一不神似，而尺寸大小亦复相若。或出同一手，为四屏景，亦未可知。”

短短八十九字，除了用白描文字形容画的内容，更评论其技法源流，指出可能的作者，以及原来的可能格式，其功能已经远出“书画说明”。而含蓄指涉的风格与格式，其实正是江氏个人对该件作品结论式的看法。对此有兴趣的研究者，很容易在这样的寥寥数语中，找到研究的大方向，而不致茫然无所适从，也不致胡乱比附想象，失去研究的重点。

这样的文字特色，展现了江兆申博览古画、胸罗名迹的知识学问，其范围几乎等于“故宫”重要藏画的全部，其中才学，放眼当今，似乎数十年来尚无人能及。

《“故宫”读画札记》是理性的文字，风格清楚、明白，而古文诗词，则最能表现江兆申的文学造诣，展现了一般画家难以企及的感性能力。

三

江兆申的诗情

江氏的诗，用字古雅、音韵合节、讲究格律，在古诗的众多“规矩”中从容出入，没有相当的训练和扎实的文字基础，很难做到。现代人能有这样的修养非常不容易。

更难的是，江兆申的诗都有所描绘、有所寄托，并非一般的文字堆砌。《五月三十日今救虎阁中观画寄谢万戈夫妇纽约》二首，写访友观画的情景（原文都无标点符号，为方便阅读，笔者以一般习惯标志之）：

窗外沧江跃碧栏，窗前卷轴昼生寒。
论诗论画惟君健，谈笑惊筵结古欢。

玉板新芽煨菌尖，油黄炙鸭荐梅盐。
云烟发兴初经眼，翠斧银樽俊味兼。

这样的诗极为写实，可以想见观画的地点“今救虎阁”临水面江，有绿色栏杆，屋中采光非常良好，因此观看古画竟有“昼生寒”的感觉。“谈笑惊筵结古欢”一句，则带出下一首描写与友人餐筵的新奇经验感受，细腻描绘宴会美食，仿佛可以闻到烤鸭的香味，非寻常堆砌典雅文字的作品可以相提并论。

江兆申的诗，除了用字典雅，还有一个极大特色，充分表现了他的画家本色，那就是高明“写景”能力，或者可以说，他根本就是在用文字记录画面与感受。试看名为《题画》的几首诗，莫不如此：

独树耸寒山，幽泉咽岩石。
飞鸟时一声，画破横碧空。

群蝉翳叶咏骄阳，八月南州热正狂。
务简地偏车迹少，午风一枕卧溪凉。

四面湖山隔市尘，小鲜能佐小壶春。
此间着意无些子，一块巉岩一个人。

值得注意的是，这样的题画诗，并不只有写景，其中还有记事，都是作者自己的切身体验，而不是单纯的描绘景色，也不是纯为题画而已。也只有这样的诗作，才能深刻表达作者的真实情感，其中关涉的是写作的基本态度，而不只是文字的功力而已。

现代人写古诗最大的问题，在不容易掌握时代的气氛，容易落入古典诗不断重复的题材与风格面貌从这点来看，江兆申诗中的现代感，尤其难能可贵。他的《竹

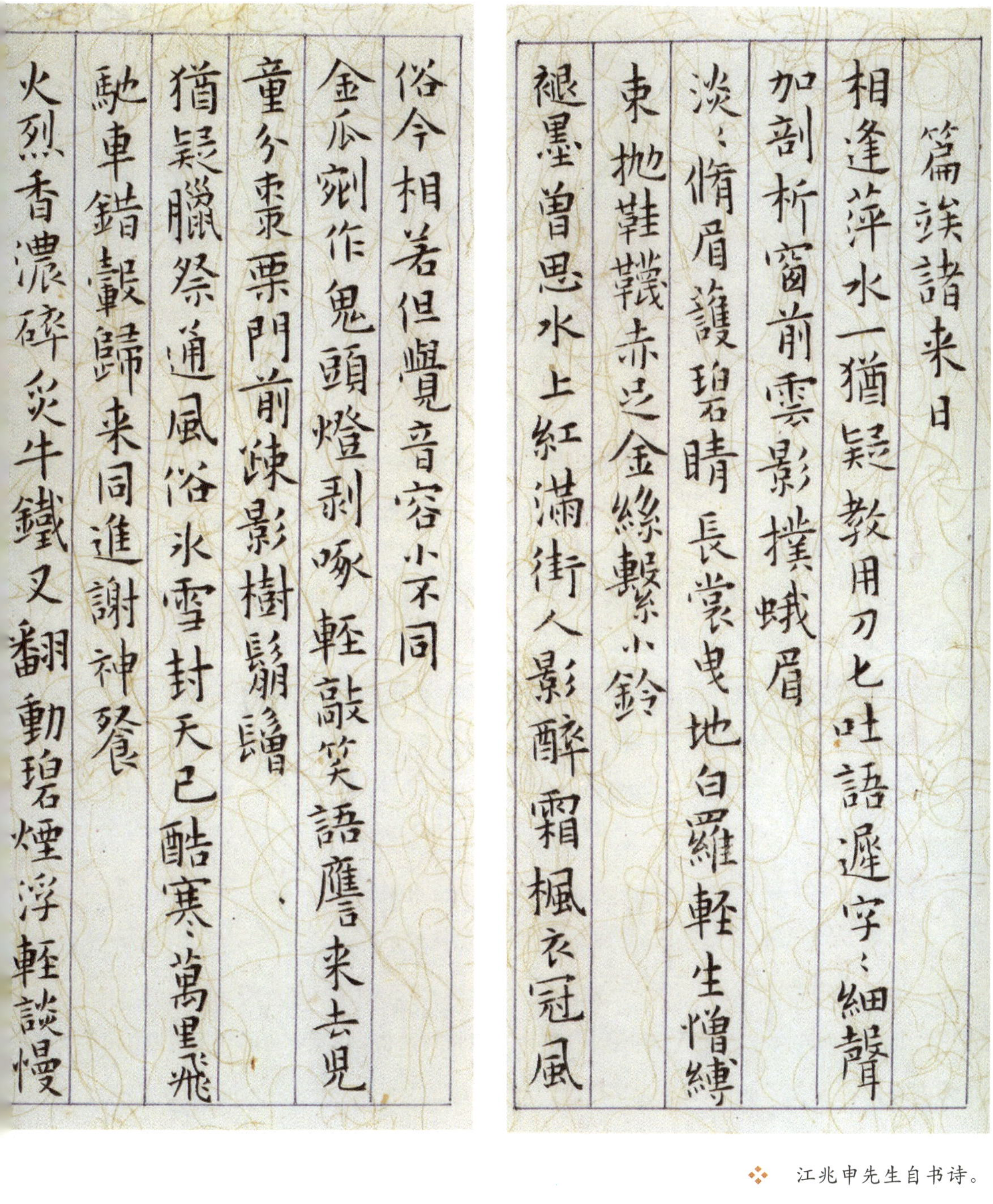
篇竢諸来日
相逢萍水一猶疑教用刀匕吐語遲字字細聲
加剖析窗前雲影撲蛾眉
淡淡脩眉護碧睛長裳曳地白羅輕生憎縛
束拋鞋韤赤足金絲繫小鈴
褪墨曾思水上紅滿街人影醉霜楓衣冠風
俗今相若但覺音容小不同
金瓜刻作鬼頭燈剥啄輕敲笑語譍来去見
童兮棗栗門前陳影樹鬅鬙
猶疑臘祭通風俗冰雪封天已酷寒萬里飛
馳車錯轂歸来同進謝神餮
火烈香濃碎炙牛鐵叉翻動碧煙浮輕談慢

江兆申先生自书诗。

枝词八首》，最能代表其写状现代的功力，诗有小序，云:“游美半年，远方之人所见多新异，信笔泐成竹枝词八首，鸿泥印雪、所纪一时，容有续篇，俟诸来日”。既然“所见多新异”，所以虽是“信笔泐成”，江兆申笔下所写，自见新奇:

相逢萍水一犹疑，教用刀匕吐语迟。

字字细声加剖析，窗前云影扑蛾眉。

此诗显然写飞机上偶与西洋女子邻座，因语言不是非常熟悉，即使礼貌寒暄亦犹豫的心情，幸好借着机上共餐的机会，因教学使用刀叉而有了共同的话题，似乎当时所遇的女子容姿出色，所以在这样语言不是很流利的情形下，还有“窗前云影扑蛾眉”的赞美。

这样的赞美在第二首有更细腻的描绘:

淡淡修眉護碧睛，长裳曳地白罗轻。

生憎缚束抛鞋袜，赤足金丝系小铃。

这是对西洋女子的工笔细写了。传统诗人能状写人物、形容声色的并不多见，苏东坡词多写美人娇态，允为文字风流，千年后江兆申有此一作，令人惊艳。“赤足金丝系小铃”，更是前人未曾描绘之手法角度，颇为活色生香。

第三首的题材甚为有趣，但一眼即知吟咏的对象:

金瓜剜作鬼头灯，剥啄轻敲笑语应。

来去儿童分枣栗，门前疏影树髯鬙。

把西洋复活节写得这样中国古典，委实不易。当然，枣栗、髯鬙两词过于古典生僻，用在复活节的题材中不免过于典雅，这是现代人写古典诗不易克服的难题。

第七首也是很有趣的题材：

火烈香浓碎炙牛，铁叉翻动碧烟浮；
轻谈慢咽灯光淡，我觉清闲是此州。

江兆申是美食家，所以对美食的描写特别生动，加上他对新奇事物的感受非常强烈，用字极为新潮直接，因此多了几分生鲜灵活，这种表达能力，写古典诗的现代人最缺乏的，相对来说，结语“我觉清闲是此州”一句，就不免薄弱了。

书中所录诗作，还有许多叙事咏物的作品，都是作者一时生活的记录，其中有几首记录江兆申私人的收藏，题材比较特殊。《题六朝金铜佛。癸亥除夕守岁作》篇幅特别长，足见江兆申在短诗之外，对于长诗也有轻松驾驭的能力。

我不习禅净，窃剽迦陀意；天地有成住，人生暂如寄；顺生芟苦厄，苦厄根情志；心同万马竞，百虑导沉坠；能堪柳生肘，曲折尽随器；大欢止懦愚，大戚聊可置。孔氏重死生，涅盘释之至；舍肉饱饥鹰，知舍义差备；瞬息寤坏空，荣瘁偶然遂；水月证圆明，演化遵万事。嵯峨钟磬宣，欲起身反踬；繁言广长舌，杯航体佛志。

此诗虽然是《题六朝金铜佛》，但比较特殊的是并无一语及于收藏品，而是在义理上铺陈人生的体会与想法。这类说理诗，在宋朝禅宗盛行之时，因士大夫与禅宗有很深的接触，所以开始出现禅理入诗的作品。苏东坡、黄山谷都写过这类作品，而以王安石所作最得说理之情，而江兆申的《题六朝金铜佛》却从“我不习禅净”起句，别开生面，也可以看到江兆申作诗态度严谨，并不轻易复制前人观点。

四

记录与当代名家往来的作品

先生诗作，另有一类题材，是记录与当代书画文学名家往来的作品，最能引起阅读上的共鸣，《庚申十一月自摩耶精舍归赋呈大千居士》写张大千初造摩耶精舍的情景，诗前有序："摩耶精舍傍外双溪，而筑地不及三亩，而在河床之中者几三之一，既竣工，觉园林逼仄，因沿岸拓三四尺堤，双亭移于堤上，溪中积石审其高下，鸠工迭成滩濑，遂令溪山为之一变。工成趋访，徘徊堤上，指点烟岚、平章今昔，适香江徐伯郊在座。"光此一序，便足平视明人小品文之佳作。序文已如此，其诗必有风味。前二首文字所陈，令人如见目前：

高矮双亭一角山，低回明月伴清澜。
偶然迭石成滩濑，占尽溪声五月寒。

随手梅花斜角栽，梅丘片石巨灵开，
一弓小拓回旋地，却引青山入槛来。

两首都是以景入诗，末句写景兼抒怀，一用溪声提点时令月份，一用青山衬托园林之胜，一用平广视野，一用高纵景深，用心巧妙，岂寻常哉？

乙亥年《题台静农先生遗墨》三首，已经是江兆申晚年少见的诗作，分别题咏台静农先生画作墨梅、梅花水仙、墨葡萄：

明珠缀蕊珊瑚枝，素魄分光向短篱；
何用缟衣笼瘦鹤，烹茶涤雪净忘机。

合与逋翁共飨堂，一盆冰玉水仙王；
先生罢酒挥椽笔，细写黄庭小篆春。

春藤转干颠张笔，老叶腾翻醉素书；
探骊九渊随手得，天风海雨欲相呼。

这三首诗，不同一般的题画，因为画作主人台静农是当代硕儒、书法大家，所用典故紧扣台静农的身份、长才。这样的书写功力，非有才情、学识、交情，无以致之。

《灵沤类稿》汇集江兆申一生文稿，识者莫不珍若武功秘籍，无论诗古文辞，书画论丛，《“故宫”读画札记》或长文《东西行脚》，几乎可说字字珠玑。

《灵沤类稿》所展现的文字、文学功力，充分呈现了江兆申在书画之外，作为一个文人应有的修养实非泛泛，无怪乎他的书法比一般书法家多了几许儒雅的

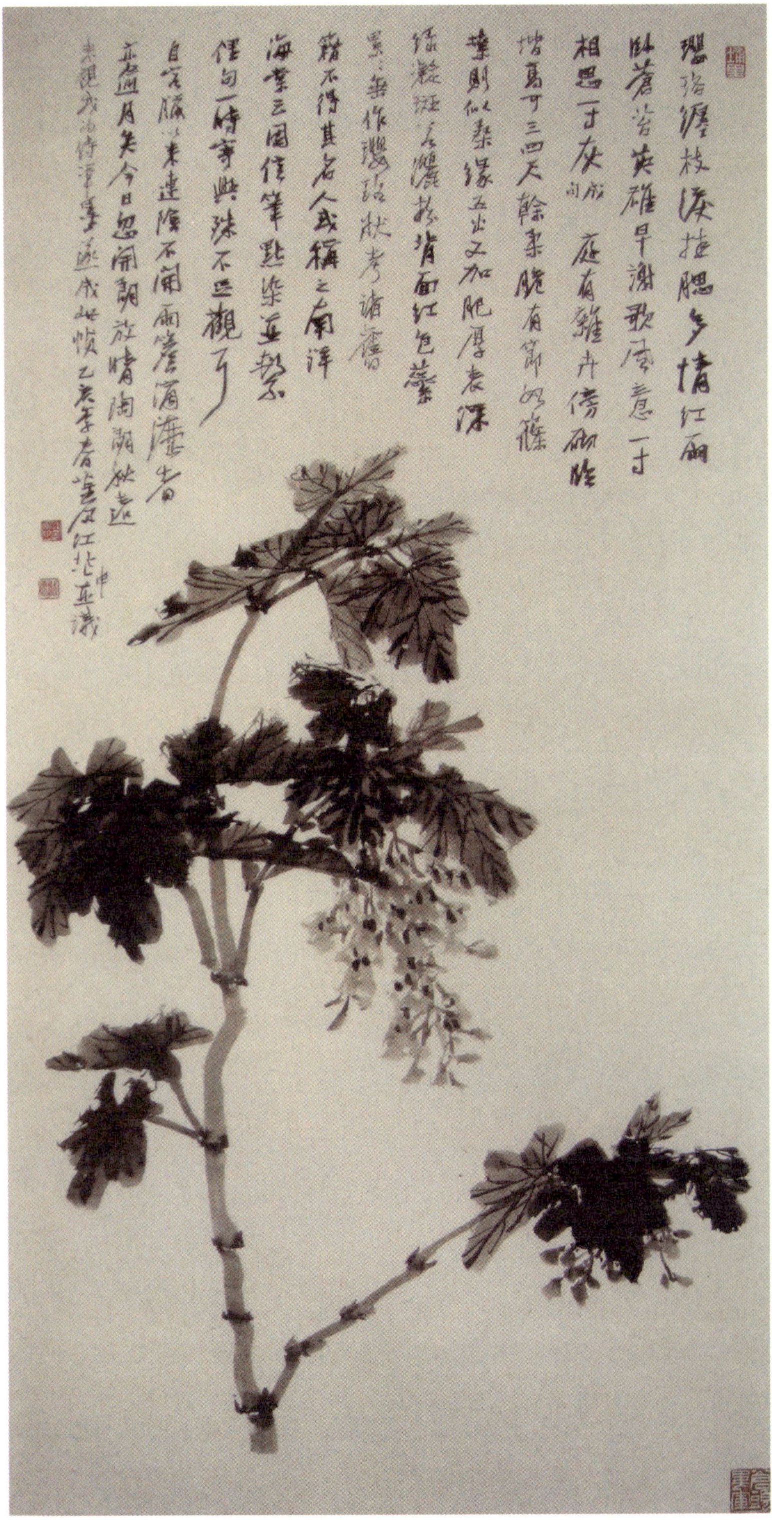

江兆申的绘画作品是当代文人画的代表。

自在与老练，而他的绘画，更在绘画的技法、视觉的效果之外，多了许多文人的品位与内涵。

传统绘画的困境与突破，在1950年到1960年代的台湾，有过相当激烈的变革与冲突。“创新”似乎成为主流，“传统”被视为守旧，但其实无论传统与创新，其实更根本的困境，在于画家对文字、文学的日渐疏远。

数十年后的现在，回顾当时关于绘画的争论，可以发现，其实大部分的讨论都忽略了画家对文字、文学修养的整体缺乏，而且那是一整个时代的所有画家所共同面临的窘境，所产生的质变与影响，当时或许难以想象，但验诸今日台湾书画界，书画家不读书作文写诗的现象实在应该警惕！

在时代的变异下，现今的书画家，鲜少有具备在作品上用自己的诗文题款的能力，也可以说，画家失去了文人的基本素养。在这样的情形下，如果画家没有人文的自觉，绘画也就只能成为视觉的堆砌与技巧的重复了。无论从事中西绘画，在台湾都很容易看到画家族群对人文素养的普遍匮乏。

江兆申在西画兴盛、中画衰微，传统与创新激烈冲突的年代，居然不为时代迷思所动摇，一心安稳在文人画的主轴中，并因此开创个人风格与台湾绘画的重要流派，除了他的书画成就之外，实在不能不归功于他深厚的人文素养。

若以一句话总括江兆申的艺术特色，或者可以说：“江兆申是一位文人先于画家的文人画家”。江兆申的艺术成就根植于他的人文素养，人文素养丰富了江兆申的艺术成就，江兆申的例子，实在值得“重技术、轻内涵”的台湾美术界、教育界深思。

图书在版编目（CIP）数据

书法的生活美学：纸上太极 / 侯吉谅著. — 北京：中信出版社,2016.3
ISBN 978-7-5086-5601-4

Ⅰ.①书… Ⅱ.①侯… Ⅲ.①汉字－书法－鉴赏 Ⅳ.①J292.1

中国版本图书馆CIP数据核字(2015)第249843号

书法的生活美学：纸上太极

著　　者：侯吉谅
策划推广：中信出版社（China CITIC Press）
出版发行：中信出版集团股份有限公司
（北京市朝阳区惠新东街甲4号富盛大厦2座　邮编：100029）
（CITIC Publishing Group）
承 印 者：鸿博昊天科技有限公司

开　　本：787mm×1092mm　1/16　　印　　张：14　　字　　数：172千字
版　　次：2016年3月第1版　　印　　次：2016年3月第1次印刷
书　　号：ISBN 978-7-5086-5601-4/J・98　　广告经营许可证：京朝工商广字第8087号
定　　价：42.00元

服务热线：010-84849555　　服务传真：010-84849000
投稿邮箱：author@citicpub.com